U0604312

 集人文社科之思　刊专业学术之声

集 刊 名：淮扬文化研究
主办单位：扬州大学淮扬文化研究中心
主　　编：周新国
副 主 编：吴善中　王永平　陈景春

HUAIYANG CULTURE RESEARCH, Vol.4

淮扬文化研究第四辑

集刊序列号：PIJ-2018-249
中国集刊网：www.jikan.com.cn
集刊投约稿平台：www.iedol.cn

周新国 主编

淮扬文化研究

HUAIYANG CULTURE
RESEARCH (Vol.4)

【第四辑】

社会科学文献出版社
SOCIAL SCIENCES ACADEMIC PRESS (CHINA)

本书列为江苏省扬州市委宣传部＂淮扬文化研究”资助项目

目　录
CONTENTS

大运河文化及"一带一路"

书序书评

附　录

扬州学派、泰州学派与太谷学派

宋绵初学术简论

刘建臻　林晨晨[*]

摘　要：宋绵初是扬州学派早期的核心人物之一，在经学、文字学和文学诸领域都有著述，得到翁方纲等人的认可。所著《韩诗内传征》《释服》被《续修四库全书》影印，而《瓞园经说》则由台湾《丛书集成续编》影印，影响较大。宋绵初在辑录和考证《韩诗》、释解经典"古义"两方面取得了突出的成就。

关键词：宋绵初　《韩诗》　"古义"

作为扬州学派早期的核心人物之一，宋绵初与王念孙有着共同的学术追求，所撰《形声指误一隅编》为清代"形声"研究的重要著作，其子宋保秉承家学而著《谐声补逸》，恩师王念孙亲加校勘。因此，无论是总结清代的训诂学成就，还是梳理王念孙的学术交游，均须关注宋绵初之学。何况，宋绵初在经学、文字学和文学诸领域都有著述，得到同时代学者如翁方纲和现代学者如郑振铎等人的认可。然而宋绵初的学术著作以及蕴含其间的学术价值，长期以来还没有引起学者足够的重视，在此简以述之。

一　宋绵初生平及其著述

记述宋绵初生平的相关资料相当缺乏，这或许是学界对其学术关注较

---

*　刘建臻，扬州大学社会发展学院教授，主要从事清代学术及区域文化研究；林晨晨，扬州大学社会发展学院图书情报学科，2019级硕士研究生。

少的一个重要原因。但是，还是能够从以下几条记述中获知宋绵初生平之大概。

1. 同治《续纂扬州府志》载："宋绵初，字守端，乾隆四十二年拔贡，历官五河、清河县训导。邃经术，尤长于说《诗》，著《韩诗内传征》四卷。"①《清史稿》所述大体一致："宋绵初，字守端，亦高邮人。乾隆四十二年拔贡生，官五河、清河训导。邃深经术，长于说诗，著《韩诗内传征》四卷。又有《释服》二卷。"②

宋绵初被选为拔贡事，记于焦循《雕菰集》卷二三《书谢少宰遗事》之中："谢金圃少宰，督学江苏者二。乾隆丁酉，值拔贡岁，少宰按部至扬州，遴选极精慎之虑……于高邮得宋绵初守端。""乾隆丁酉"为乾隆四十二年（1777 年），"谢金圃少宰"为谢墉。这表明，宋绵初被江苏学政谢墉在 1777 年选录为拔贡生。

2. 光绪《重修五河县志》卷一一《官师二·学官·训导》："宋绵初，扬州府高邮州拔贡，（乾隆）四十四年九月任。"③

也就是说，宋绵初被选为拔贡后两年，便前往安徽五河县担任训导一职。依例，拔贡朝考合格且名列一、二等者，"礼部按省开单引见"，"或以教职用，交吏部询问，愿就教者用教官，愿就职者用佐贰等"。④

3. 道光《续增高邮州志》第三册《人物志·文苑·宋绵初》："为学勤敏，幼誉声黉序，学使彭文勤、扬州安定书院主讲蒋编修士铨最知赏"；"司训五河、清河，课士多有成。中年无意科名，博览经世书"；"所著刊行者，《韩诗内传征》四卷，《释服》二卷，余《困知录》《是亦山房文集》《𤲞园诗存》待刊之"⑤。

相比前两条资料，道光《续增高邮州志》增加了五方面的内容：其一，受知于"学使彭文勤"即江苏学政彭元瑞；其二，在安定书院学习期

---

① （清）晏端书等：同治《续纂扬州府志》卷一三《人物志五·文苑·宋绵初》。
② 柯劭忞等：《清史稿》卷四八一《儒林二·宋绵初》。
③ 俞宗诚等：光绪《重修五河县志》卷一一《官师二·学官·训导》。
④ 商衍鎏：《清代科举考试述录》，故宫出版社，2014，第 42 页。
⑤ （清）左辉春等：道光《续增高邮州志》第三册《人物志·文苑·宋绵初》。

间，获名家蒋士铨山长赏识；其三，担任五河、清河县训导时，"课士多有成"；其四，"中年无意科名"而读书治学；其五，生前刊刻之著有《韩诗内传征》和《释服》两种，《困知录》等三种尚未刊刻。

4.《清代朴学大师列传》："归筑书种堂训育子弟，以老疾卒。"① 宋绵初《释服》一书，就有嘉庆二十三年（1818 年）书种堂刻本。

此外，宋绵初还著有《古韩诗说证》九卷、《形声指误一隅编》二卷、《瓞园经说》三卷和《治河纪略》等。《治河纪略》一书，道光《续增高邮州志》第三册《人物志·文苑·宋绵初》附《宋保》以为宋绵初之子宋保所著，而同治《续纂扬州府志》卷二二、光绪《再续高邮州志》卷六《书目·史部》以为"宋绵初撰"。究竟为谁之作，因缺乏直接资料，有待进一步考订。

总体而言，宋绵初所著，以《韩诗内传征》《释服》《瓞园经说》影响较大，前两书经由《续修四库全书》影印，而后者则由台湾新文丰出版有限公司《丛书集成续编》影印。其经学的着力点，也以这些著述为核心，且集中于辑录和考证《韩诗》、释解经典"古义"方面。

二 辑录并考证《韩诗》

宋绵初辑录《韩诗》，先后撰成《古韩诗说证》和《韩诗内传征》两稿。《古韩诗说证》九卷，乾隆五十四年（1789 年）述古堂刻本，为"初刻本"，② 而《韩诗内传征》则是修订本。《韩诗内传征》征引宏富，训故翔实。

《韩诗内传征》首在辑佚，是从浩瀚之书中细细爬梳存留着《韩诗》的一鳞半爪的宝贵资料，这就要求"鸿裁巨制，片语单辞，罔弗综录"。③集中的表现便是务求博引。在仅有四卷的正文中，征引之书竟有百余种。

---

① 支伟成：《清代朴学大师列传·吴派经学家列传第四·宋绵初》，岳麓书社，1998，第60 页。
② 房瑞丽：《稀见清代三家〈诗〉学著作二种》，《文献》2014 年第 6 期。
③ （清）严可均：《全上古三代秦汉三国六朝文·总叙》，上海古籍出版社，2009。

经部方面，既有《毛诗》《三礼》《左传》《尔雅》《大戴礼注》等经典之文，又引郑玄《毛诗笺》、何休《公羊解诂》和孔颖达《五经正义》等注疏之说，还有陆德明《经典释文》、朱熹《诗集传》和吕祖谦《吕氏家塾读诗记》等得力之作；于史部，称引者较多，如《国语》《史记》《汉书》《后汉书》《魏书》《隋书》《唐会要》《通典》《汉书注》《后汉书注》《史记索引》《水经注》《毗陵志》等；于子部，对《荀子》《吕氏春秋》《新序》《白虎通》《独断》《太平御览》《玉海》《困学纪闻》《野客丛书》《华严经》等都有引述；于集部，也征引了《离骚注》《世说新语》《文选注》等书目。其中，引述《经典释文》《文选注》《韩诗外传》《毛诗正义》者尤多。宋绵初的辑录颇有些竭泽而渔般详尽，使学人对《韩诗》有了更全面的认识。也因此受到大家的首肯："《韩诗》遗说经王应麟至宋绵初诸人的搜辑，已无遗逸者。"① 这是宋绵初的一大贡献。

其中，宋绵初亦十分重视顾炎武、阎若璩和惠栋等人的学术成果并加以引用，如卷一《兕觥》和卷四《在此无恶在彼无射》分别征引顾炎武《唐韵正》《诗本音》之文，卷三《绵蛮黄鸟》引阎若璩《四书释地》之解，卷一《江之羕矣不可方思》和卷三《不憖遗一老》先后引惠栋《毛诗古义》《左传补注》之论，等等。对王念孙之说也时加引用，如卷一《肃肃兔罝施于中馗》和卷四《对彼云汉》等。此前，有关宋绵初和王念孙学术交游的资料十分少见，倒是因为其子宋保师从王念孙而王念孙又曾校勘宋保所撰的《谐声补逸》，故对宋保与王念孙的密切关系屡为学者所提及，《古韩诗说证》引用王念孙之说，是宋绵初和王念孙进行学术交流的有力证明。

对于《韩诗》的训诂价值，宋绵初多所阐发："承学之士，抑又忽诸两汉文章、六朝辞赋、艺林诵习中，间引用事典，每与今训帐触，不考《韩诗》，则古书之义多不可得而通也。"② 就是说，重视和运用《韩诗》所存之"训"，"古书之义"方"可得而通"。所以，在辑录和考订时，宋

---

① 郑振铎：《关于诗经研究的重要书籍介绍》，《小说月报·中国文学研究专号》，1927。
② （清）宋绵初：《韩诗内传征·序》。

绵初便十分注重其间的训诂问题。这集中体现在全书的二十九条"案"语之中。如卷三《泱泱白云》："案：《毛诗》作'英英'。《说文》：'英，从草，央声。'《出其东门》诗，《正义》引'白茆央央'作'英'。又《出车》诗'旟旐央央'，本亦作'英'。《文选·射雉赋》：'天泱泱以垂云。'《注》引《毛诗》'英英白云'，云'泱与英古字通'也。"从中可知，宋绵初重视并总结了不同文本间异文所反映出的"古字通"这一训诂现象。因"《韩诗》多古字"，① 因此，宋绵初对蕴含其间的音同或音近字替代本字的通假字这样的"古字"用力较多。

而在具体的考订中，宋绵初以实事求是为旨趣，论必有据，如卷三《宜犴宜狱》："案：《周礼注》引《诗》曰：'宜犴宜狱。'此从《韩诗》也。今《诗》作'岸'，'岸'训'犴'无考，当从《韩诗》。"正因为如此，看上去《韩诗内传征》为辑录之书，实则建立在精到的训诂之上。所以，宋保在《韩诗内传征·后识》就有这样的论述："夫训诂生于文字，文字起于声音，古人之文，其音同、音近者，义每不甚相远，即《韩诗》以引而信之，触类而求之，而声音训诂之道昭然矣。"

三 "汲古义之精微"而考订

在《韩诗内传征》之外，宋绵初对其余儒家经典多所考订，撰成《释服》和《飏园经说》两部著作。

欲明《三礼》之制，不能不释"衣服"，于是，就有了宋绵初《释服》之作。具体考释，主要可归纳为三个特点。

第一，分类而释，归纳通例。如卷上的《祭祀朝觐之服》《诸侯之冕》《天子冕服》《冕服之被》《冕服之笏》《冕服之幅》《冕服之舄》《冕服之带》等均属此类，而卷下明确以"类"为目，如《裘类》《衰服之类》《杂服》等。这样分类而释，对理解既难又乱的各种礼制颇为便利，更从

---

① （清）宋绵初：《韩诗内传征》卷二《鴥彼晨风郁彼北林未见君子忧心钦钦如何如何忘我实多》。

"服"之通例提炼出令人注目的特点甚至一般规律来。

第二，"本经以训义"，① 依郑《注》而释。前者为训诂的基本要求，后者则因"《礼经》出于熸烬掇拾之余，冠衣散见各条古文阙逸，志记参差，或传写讹误，所赖以证明者，舍郑《注》末由也"。② 但依郑《注》并非一以典从，若郑玄之说有误，宋绵初亦据实立论。如卷上《玄冠》，宋绵初以为"玄端为齐服，经文甚明"，然"自郑《注》谓玄端即朝服之衣，素裳者谓之朝服，易其裳谓之玄端，由是朝服与玄端相乱"，故加驳正。

第三，重视典章制度。从本质上说，《释服》的诠解是对《三礼》典章制度的考订，体现着宋绵初在礼学名物典制方面的学术成就。溯其源，则深受戴震和任大椿的影响，《释服》屡引其说就是明证。如卷下中《杂记大白冠缁布之冠不蕤委武玄缟而后蕤》引戴震之说，《深衣》一条多引任大椿《深衣释例》之说等。当然宋绵初注重名物典制特别是《三礼》之说，实与《韩诗内传征》存在不可忽视的关联，因为"《韩诗》多古字。郑氏注《礼》多《韩诗》说"。③

《飒园经说》的刊刻比《释服》更晚，直到光绪二十四年（1898年），经高邮王士濂校订并刊入《鹤寿堂丛书》中。综观《飒园经说》全书，并非全释儒"经"之文，如卷三《食有七夺》就借道家典籍《谭子化书》而立说。而且，全书条目之次序较乱，错杂罗列着宋绵初治经之札记。究其特点，仍以诠解"古义"为主。如卷三的《昼寝》，以"画寝"为是。相比之下，卷一对《易》用力较多而学术价值较高。如《坤·六二》"直方大不习，无不利"之"'大'字疑衍"，以及《说卦》"兑为羊"虞作"羔"应"'羔'当作'养'，则形声较为切"，等等。这些见解，是宋绵初精于训诂之体现。《续修四库全书总目提要·飒园经说》因此认为："是书以说《易》为最善。"

---

① （清）宋绵初：《释服·序》。
② （清）宋绵初：《释服·序》。
③ （清）宋绵初：《韩诗内传征》卷二《鴥彼晨风郁彼北林未见君子忧心钦钦如何如何忘我实多》。

当然，在考论宋绵初之学及其产生的重要影响之时，就不能不述及其子宋保的学术。

宋保，字定之，一字小城。幼承家学，研习不辍，经十多年努力，终成廪生。后入京而肄业国子监。乾隆六十年（1795年），参加是年举行的顺天恩科乡试，未能考中。① 宋保师从汪中、王念孙为学。专于声音训诂，获得邵晋涵、钱大昕和孙星衍诸名家赏识。著有《尔雅集注》《京华杂记》，"皆佚不存"，② 现存者仅《谐声补逸》十四卷。所谓"谐声"，就是"六书"之一的形声，"六书之有谐声，文字孳乳而浸多，经义训诂之所由明也"③。故宋保专就"谐声"补而证之，"篆文补声三百有九，古籀重文补声八百卅有六，凡一千一百四十五"④。王念孙对此大加首肯："《谐声补逸》一书，阐发古音，洵有功于许氏。"⑤ 值得一提的是，宋绵初著有《形声指误一隅编》，由此可知宋保《谐声补逸》为高邮宋氏家学的结晶。

---

① （清）宋茂初：《碧虚斋吟草》卷四《小城侄挽词》"子断云程伤数奇"句后有注："乙卯北闱，已得复失。房考祝公批其三场曰'赅博'"。"乙卯"为乾隆六十年（1795年）。

② （清）张炳翔：《谐声补逸·跋》。

③ （清）宋保：《谐声补逸·序》。

④ （清）宋保：《谐声补逸·序》。

⑤ 王念孙之书信，载《谐声补逸》卷首。又载《王石臞先生遗文》卷四《致宋小城书之一》。

刘师培著述中的江南文脉

王　韬[*]

　　摘　要：近代国学大师刘师培著述对江南文脉多有阐述。先秦两汉时期，江南文脉兴于西汉。苏北彭城为帝王之乡，学术尤盛，前有元王《诗》传，淮南黄老嫡派，后有刘向持《穀梁》之义。至刘歆集六艺之书，又为东汉初期官学之大宗；魏晋至宋元时期，中原文明因蛮夷入侵之故，在东晋、南宋两次南移偏安，江南之地亦因冠带之民萃居，渐成华夏正统。南儒治学多以魏晋之注说经，新义日出；明清时期，江南学术盛兴，学术统系多在淮泗江浙，清代学术以考证学为代表，考证学虽有南北之分，北学重镇亦在江淮之地。所谓北学乃指徽扬之儒，南学指吴越之儒。至于清代文学，刘师培以为北方"质略无文"，"南方文人则区骈、散为二体"。

　　关键词：刘师培　江南文脉　扬州古文经学派　常州今文经学派

　　近代国学大师刘师培与江南文脉的关系甚深。就其所处时代而言，他乃仪征刘氏第四代传经之人，又是扬学殿军；就其著述而言，他在《南北学派不同论》《中国中古文学史讲义》《攘书》《近儒学术统系论》中都曾溯源、整理国学在江南的传承脉络，并撰有《江宁乡土历史教科书》《江宁乡土地理教科书》《江苏乡土历史教科书》《江苏乡土地理教科书》；就

---

　*　王韬（1969—），男，江苏南京人，博士，江苏省社会科学院文学所研究员，研究方向为中国近现代文学。

其情感倾向而言，他认同江南文化，称"冠带之民，萃居江表"，江南乃华夏正统所在；就其学术所长而言，他又认为扬州古文经学派与常州今文经学派，虽一江之隔，却壁垒森严，称非北学不能统国粹"大义之所极"。本文拟分先秦至两汉、魏晋至宋元、明清三个阶段，勾勒刘师培著作中对江南文脉的阐述。

一　先秦至两汉时期的江南文脉

上古之时，江南为共工苗裔立国之地。共工氏传为水神，实为异族国名，立国于江、淮之间，与华夏相持，历数百年之久，直至与高辛氏争帝而败亡。大禹平洪水后，分天下为九州，江南遂属扬州。但夏、商、周之时，苏北仍多为九夷宅居。西周之时，居淮水附近之九夷尚与华夏争战不休。刘师培写道："盖西周一代之用兵，以征伐东方为最众。淮、泗之间，为昔日周师战争之地。"① 苏南之地本为共工国南境，在殷商末世为荆蛮所居。直至太伯奔吴，文化方兴。太伯乃周太王长子，因太王欲立三弟季历，与二弟仲雍奔吴。二人断发文身，与荆蛮杂处，教以稼穑。吴自太伯以后，传十九代，春秋时，苏北之地多属吴国。

中原学术输入江南约为吴国后期，肇始为孔门七十二贤中的澹台灭明适吴，《读史方舆纪要》云："澹台湖，在太湖之东。相传澹台灭明东游于此得名。"《方舆胜览》云："澹台灭明墓，在吴县南八十里。"② 又有子游受业于孔子，且孔子、子贡亦曾南游至吴。孔门诸生中唯子游为吴人，子游以文学著称，"其学敏于闻道而不滞于形器，故后世南人学术，得其菁英。即子游流风之所被也。"③ 学术因地而殊，刘师培称南学为"泽国之学"，较之于"山国"之北学，则北学崇实际，"修身力行则近于儒，坚忍

---

① 刘师培：《江宁乡土历史教科书》（第一册），载万仕国辑校《刘申叔遗书补遗》（上），广陵书社，2008，第471页。
② 引自刘师培《江苏乡土历史教科书》（第一册），载万仕国辑校《刘申叔遗书补遗》（上），广陵书社，2008，第526页。
③ 刘师培：《江苏乡土历史教科书》（第一册），载万仕国辑校《刘申叔遗书补遗》（上），广陵书社，2008，第511页。

不拔则近于墨"；南学尚虚无，"老子之学起于其间"，"接舆、沮溺之避世，许行之并耕，宋玉、屈平之厌世，溯其起源，悉为老聃之支派'。①

江南民风原本勇悍，乃因吴以尚武立国，南征越人，北伐郯、徐，西克楚之郢都，一度威震齐、鲁。《公羊传》《左传》皆言"吴之为君者，皆好勇轻生"。阖闾为王时，吴国人才最盛，伍子胥、孙武皆不世出之兵法大家。吴民俗好用剑，冶铸之术冠绝中国。吴中子弟多效法专诸、要离、干将之英烈侠风，重义气，矜然诺。秦末之时，霸王项羽所率吴中子弟八千人，破景驹，降章邯，克函谷，纵横天下，无坚不摧。但自西汉以降，江南民风趋于文秀，勇悍之气日渐消磨。刘师培认为此风乃严忌、严助父子及朱买臣所开，"自严助、朱买臣显名当代，而习尚好文"，"吴中遂为士夫之渊薮矣"。② 江南文脉亦兴于西汉。苏北彭城为帝王之乡，学术尤盛，前有元王《诗》传，淮南黄老嫡派，后有刘向持《穀梁》之义。至刘歆集六艺之书，又为东汉初期官学之大宗，今古文之争正始于"刘歆移书太常"，如刘师培所言："新莽篡汉，崇尚古文。（以用刘歆之故）东汉嗣兴，废黜莽制。五经博士，仍沿西汉之规。而在野巨儒，多明古学，故今文、古文之争，亦以东汉为最著。"③

文字为文学之基，文字则又本乎声音。刘师培引陆法言之语"吴、楚之音时伤清浅，燕、赵之音多伤重浊"，以为"言分南北之确证"。又引荀子之语"君子居楚而楚，居夏而夏"，以为"北音谓之'夏声'……南音谓之'楚声'"之明证。"声音既殊，故南方之文亦与北方之文迥别"，北方"民崇实际，故所著之文，不外记事、析理二端"，南方"民尚虚无，故所作之文，或为言志、抒情之体"。且以传承论及汉代江苏文学之大宗，称董仲舒、刘向之文"出于荀卿"，"淮南之旨，虽近庄、列，然衡其文体，仍在荀、吕之间"，而枚乘之赋则出于纵横、楚骚。④

---

① 刘师培：《仪征刘申叔遗书》（4），万仕国点校，广陵书社，2008，第1613～1614页。
② 刘师培：《江苏乡土历史教科书》（第一册），载万仕国辑校《刘申叔遗书补遗》（上），广陵书社，2008，第514页。
③ 刘师培：《仪征刘申叔遗书》（4），万仕国点校，广陵书社，2008，第1399页。
④ 刘师培：《仪征刘申叔遗书》（4），万仕国点校，广陵书社，2008，第1646～1649页。

二　魏晋至宋元时期的江南文脉

中原文明因蛮夷入侵之故，东晋、南宋两次南移偏安，江南之地亦因冠带之民萃居，渐成华夏正统。刘师培在《攘书》中写道："夫江淮以北，古圣宅居，文物声名，洋溢中土。夫江汉以南，古称为荒服，湘粤滇黔，苗蛮窟宅，赘币言语，不与华同。曾几何时，吴楚之间，浸向礼义，为文教薮，迄于南海不衰。而冀州尧舜余民，则混沌若太古。"① 这两次偏安使汉文化重心南北易势，"魏晋以来，华夷之分在大河，女真以降，华夷之分在江淮。（此古代文物所由北胜于南，近代文物所由南胜于北也。）"②

三国至隋唐时期，经学分为南、北两派。"北儒学崇实际，喜以汉儒之训说经，或质直寡文。南儒学尚浮夸，多以魏晋之注说经，故新义日出。唐人作义疏，黜北学而崇南学，故汉训多亡"。③《易》学"当南北朝时，郑易盛行于河北"，"若江左所行则以王（弼）注为主"，"至于隋代，王注盛行，唐孔颖达亦崇王氏《易》，故作《易疏》，用王遗郑，而汉《易》遂亡"。《尚书》学"当南北朝时，郑氏书注行于河北"，江左之间因"晋代君臣信伪为真，由是治尚书者咸以伪孔传为主"，"唐孔颖达本崇郑注，及为尚书作义疏，则一以孔传为宗，排斥郑注，而郑义遂亡"。《诗》学"当南北朝时，毛诗郑笺之学行于河北"，"江左亦崇毛诗"，然多以魏王肃毛诗解以攻郑笺。《春秋》学"当南北朝时，服虔左氏注行于河北"，"江左偏崇杜（预）注"，"唐孔颖达作义疏，专用杜注，而汉学尽亡"。《礼》学"当南北朝时，郑玄三礼注盛行于河北"，"江左治三礼者"，"以崔灵恩《三礼义宗》为最精，然杂采郑王（肃）之说，与北朝崇信郑学者稍殊"。《论语》学"当南北朝时，郑玄注行于河北"，江左"以何氏集注为主，与北方墨守郑注者不同"。又"郑氏孝经注盛行于河北"，"雅学盛行于江左"，"郭璞《尔雅注》集众说之大成"，"曹宪《尔

---

① 刘师培：《仪征刘申叔遗书》（5），万仕国点校，广陵书社，2008，第1866页。
② 刘师培：《仪征刘申叔遗书》（5），万仕国点校，广陵书社，2008，第1870页。
③ 刘师培：《仪征刘申叔遗书》（13），万仕国点校，广陵书社，2008，第5973页。

雅音义》、裴瑜《尔雅注》咸足补郭注之遗"。①

　　两宋治经者多为理学家，论学"悉凭臆见"，故于经学一途不再呈南北对峙局面。宋儒多"废弃古注，惟长于议论"，却开疑伪之风气，为近儒考证学之先声。刘师培认为"宋学虽多导源于佛、老，亦多与九流之说暗合"，非限于伦理一途的"道学"二字所能概括，"称宋学为道学实不若称为理学"。② 而理学始自老释别派，濂溪受学陈抟，开理学之先，其著"咸为道家之绪论"，故理学又本源于南学。但南学北行，且渐杂北学，也由蹈虚日趋征实。"及女真构祸，北学式微，而程门弟子传道南归"，上蔡一脉"以致知力行为归"，龟山一脉"以慎独主静为宗"。"朱子虽崇实学，然宅居南土，渐摩濡染，易与虚学相融，故立学流入玄虚，与佛、老之言相近"。陆象山之心学虽易流为虚渺，其长处亦有三端："一曰立志高超，二曰学求自得，三曰不立成心"，正乃"南学殊于北学之征"。③

　　至于文学一途，刘师培认为建安之初，七子之作"洵乎北土之音"，"魏晋之际，文体变迁，而北方之士，侈效南文"，曹植辞赋"旨开于宋玉"，阮籍"旨开于庄周"，左思"旨开于苏、张"，"北方文体，至此始渝"。且"建安以还，文崇偶体；西晋以降，由简趋繁"。而江左诗文，又溺于玄风。东晋及宋齐梁以降，多模范山水，舍奇用偶，"以情为里，以物为表"。梁陈以降，益尚艳辞，文体日靡。直至唐初，诗文"虽雅法六朝，然卑靡之音，于焉尽革"，"四杰继兴，文体益恢，诗音益谐"。中唐以降，诗风再分南北，杜、韩"体峻词雄"，与高适、常建、崔颢、李颀等为北方之诗；"太白之诗，才思横溢，旨近苏、张"，与温、李等为南方之诗。宋代文人"惟老苏之作近昌黎"，欧、曾之文，虽沉详整静，"然平弱之讥，曷云克免？岂非昌黎之文，固非南人所能效哉？"，"东坡之文，出入苏、张、庄、老间，亦为南体"。宋诗初重西昆，取法温、李，自江西派宗杜，"遒峭坚凝，一洗凡艳"，然雄厚之风远逊杜、韩，又"岂非杜、韩之诗，亦固非南人所克效与？""金、元宅夏，文藻黯然"，"自元以

---

① 刘师培：《仪征刘申叔遗书》（13），万仕国点校，广陵书社，2008，第5991~5999页。
② 刘师培：《仪征刘申叔遗书》（4），万仕国点校，广陵书社，2008，第1447~1448页。
③ 刘师培：《仪征刘申叔遗书》（4），万仕国点校，广陵书社，2008，第1617~1623页。

降，惟剧曲一端，区分南北"，诗文诸体无派别可言。①

三 明清时期的江苏文脉

后世学者多病明学之空疏，若钱大昕所云："空疏不学者皆得名为经师，至明季而极矣。"刘师培则以为"明儒经学亦多可观"，"近儒之学多赖明儒植其基"。② 并为近儒排斥最甚之阳明心学力辩："自良知之说一昌，以为人人良知既同，则人人得于天者亦同，人之得于天者既同，所谓尧舜与人同耳，与西儒卢梭天赋人权之说相符，故卑贱之民亦可返求而入道。"③ 又论及明代文学与江南有关者云"明代中叶，七子之诗，雄而不沈，归、茅之文，密而不茂"（前后七子中徐祯卿、王世贞、宗臣均为江苏籍人），至于几社、复社之诗文"虽间失豪放"，然"兼擅苏、张、屈、宋之长"。④

刘师培所言"近儒"即"清儒"，近儒学术统系多在江南，若浙学、东林、考经、徽歙、江浙、常州、江淮诸统系。

浙学以黄宗羲为大宗，其"授学蕺山，而象数之学兼宗漳圃，文献之学远溯金华先哲之传"，传梨洲学者数十人，"以四明二万为最著，而象数之学则传于查慎行"。"沈昀、张履祥亦授学蕺山"，"吕留良从宗羲、履祥游，所学略与履祥近"，传吕氏学者"浙有严鸿逵，湘人有曾静，再传而至张熙，及文狱诞兴而其学遂泯"。"别有沈国模、钱德洪、史孝咸，承海门石梁之绪，以觉悟为宗，略近禅学。宗羲虽力摧其说"，然沈氏弟子邵曾可世传其学，至于邵廷采。⑤

"东林之学有高愈、高世泰、顾培，上承泾阳梁豀之传，讲学锡山。宝应朱泽沄从东林弟子游"，"王茂竑继之"，"吴人朱用纯、张夏、彭珑，

① 刘师培：《仪征刘申叔遗书》（4），万仕国点校，广陵书社，2008，第 1650~1653 页。
② 刘师培：《仪征刘申叔遗书》（4），万仕国点校，广陵书社，2008，第 1453 页。
③ 刘师培：《仪征刘申叔遗书》（4），万仕国点校，广陵书社，2008，第 1449 页。
④ 刘师培：《仪征刘申叔遗书》（4），万仕国点校，广陵书社，2008，第 1653 页。
⑤ 刘师培：《清儒得失论》，中国人民大学出版社，2009，第 274 页。

歙人施璜、吴慎，亦笃守高、顾之学，顺康以降其学亦衰"。①

"考经学之兴，始于顾炎武、张尔岐"，"毛大可解《易》说《礼》多述仲兄锡龄之言"，阎若璩"与顾祖禹、黄仪、胡渭相切磋"，"胡渭治《易》多本黄宗羲"，张弨、吴玉搢"均通小学"，吴江陈启源与朱鹤龄"并治毛诗、三传"，"厥后大可毛诗之学传于范家相，鹤龄三传之学传于张尚瑗，若璩尚书之学传于冯景"。"吴江王锡阐、潘柽章杂治史乘，尤工历数"，柽章弟"从炎武受经"，"秀水朱彝尊亦从炎武问故"。"别有宣城梅文鼎精数学，鄂人刘湘奎、闽人陈万策均受业其门，而历数之学斩显"。"武进臧琳闭门穷经"，"是为汉学之始"，东吴惠氏三代"确宗汉诂"，"以掇拾为主，扶植微学"，"厥后掇拾之学传于余萧客，尚书之学则江声得其传"，"江藩受业于萧客"，继惠栋易学，"藩居扬州，由是钟怀、李宗泗、徐复之流均闻风兴起"。②

"徽歙之地有汪绂、江永，上承施璜、吴慎之绪，精研理学"，"金榜从永受学"，"戴震之学亦出于永，然发挥光大"，于宋学之误排击不少懈，"徽、歙之士或游其门，或私淑其学"，"由是治数学者前有汪莱，后有洪梧，治韵学者前有洪榜，后有江有诰，治三礼者则有凌廷堪及三胡"，"程瑶田亦深三礼，兼通数学"，"此皆守戴氏之传者也"。"及戴氏施教燕京，而其学益远被，声音训诂之学传于金坛段玉裁，而高邮王念孙所得尤精，典章制度之学传之兴化任大椿"。"李惇、刘台拱、汪中均与念孙同里"，台拱本治宋学，"及从念孙游，始专意说经"。"顾凤苞与大椿同里，备闻其学，以授其子凤毛。焦循少从凤毛游。时凌廷堪亦居扬州，与循友善，继治数学，与汪莱切磋尤深。阮元之学亦得之焦循"。"山左经生有孔继涵、孔巽轩，均问学戴震"，"又大兴二朱、河间纪昀均笃信戴震之说"。"栖霞郝懿行出阮元门，曲阜桂馥亦从元游"，"别有大兴翁方纲与阮元友善，笃嗜金石"，"而金石学遂昌"。③

江浙学者"亦争治考证"，"先是锡山顾栋高从李黻、方苞问故，与任

---

① 刘师培：《清儒得失论》，中国人民大学出版社，2009，第 274 ~ 275 页。
② 刘师培：《清儒得失论》，中国人民大学出版社，2009，第 276 ~ 277 页。
③ 刘师培：《清儒得失论》，中国人民大学出版社，2009，第 278 页。

启运、陈亦韩友善，其学均杂糅汉宋"，"吴人何焯以博览著名，所学与浙西文士近。吴江沈彤承其学"，"嘉定钱大昕于惠、戴之学左右采获"，"所学界精、博之间"，"王鸣盛与钱同里，所学略与钱近，惟博而不精"，大昕弟大昭传其史学，族子塘、坫、侗、绎辈，分得大昕小学、天算、地舆之传，又有元和李锐"受数学于大昕"。其后"武进臧庸传其远祖臧琳之学"，"元和顾千里略得钱、段之传"，"长洲陈奂，所学兼出于段、王"，"朱骏声与奂并时，亦执贽段氏之门"，"若夫纽树玉、袁廷梼之流，亦确宗钱、段"。①

"常州之学复别成宗派"，孙星衍、洪亮吉"治掇拾校勘之学"，"近于惠栋、王鸣盛"，"武进张惠言久游徽歙，主金榜家"，"庄存与与张同里，喜言《公羊》，侈言微言大义，兄子绶甲传之"，"绶甲之甥有武进刘逢禄、长州宋翔凤，均治《公羊》，黜两汉古文之说"，"而常州学派以成"。②

"江北淮南之士，则继焦黄而起者有江都凌曙，曙问故张惠言，又游洪榜之门"，"先大父受经凌氏"，山阳丁晏、海州许桂林亦受学凌氏，"宝应刘宝楠兼承族父端临之学"。"时句容陈立，丹徒汪苣、柳兴宗，旌德姚佩中，泾县包世荣、包慎言均寓扬州"，"均互相观摩，互相讨论，故与株守之学不同"。"时魏源、包世臣亦纵游江淮间，士承其风，间言经世，然仍以治经为本"。③

考证学以清为限，考证学虽有南北之分，然北学重镇亦在江淮之地。清代学术虽如戴东原所云有义理、辞章、考证之别，袁子才亦"分著作与考据为二"，然刘师培以为"训诂、典章之学皆可以考证一字该之"，且"著作必源于考据"。其以"考据该近代之学"，实乃因国学发展至清代，稽古已成著述之根本。考证学源于宋之王伯厚，明之杨慎修、焦弱侯，皆南人，然其书"谊非专门"，"穿凿不足观"。清前中期南学有两派，浙东一脉以万斯大传黄宗羲之学为著，万氏推究礼经，"以辩论擅长，然武断

① 刘师培：《清儒得失论》，中国人民大学出版社，2009，第 278 页。
② 刘师培：《清儒得失论》，中国人民大学出版社，2009，第 278 ~ 279 页。
③ 刘师培：《清儒得失论》，中国人民大学出版社，2009，第 280 页。

无家法"，余者则"譬若乡曲陋儒，冥行索途，未足与于经生之目"；东南一脉则以摭拾、校勘之学相尚，朱彝尊、杭世骏、全祖望"咸熟于琐闻佚事"，而"未能探赜索隐，口耳剽窃，多与说部相符"，此所谓摭拾之学；校勘之学则"考订异文，改订殊体"，若"武进臧琳作《经义杂记》，以为后儒注经疏于校雠，多讹文脱字，致失圣人之本经"，其著"虽陈义渊雅，然迂僻固执，适用者稀"。惠栋作《周易述》并《左传补注》、钱大昕作《廿十二史考异》、王鸣盛作《十七史商榷》，"采掇旧闻，辑析异同，近于摭拾、校勘之学"。然惠氏"富于引伸"，钱氏"深于音韵历算多心得，一洗雷同剿说之谈"，王氏亦"排摘伪孔，扶翼马郑"。陈奂疏毛诗，李贻德辑左传古注，亦皆"见义尚墨守，例不破注，与摭拾、校勘之学殊途同归"。"孙星衍、洪亮吉咸以文士治经学"，星衍尤精于校勘，亮吉则勤于摭拾。"袁枚、赵翼之流不习经典，惟寻章摘句自诩淹通，远出孙、洪之下"。清前中期北学亦有皖学与扬学两派，皖学有梅文鼎精研推步，汪绂兼治汉宋，江永独造于声律，其中又以"休宁戴氏为最著"，"其学先立科条，以慎思明辨为归"，"以辨物正名为基"，"论历算则淹贯中西，论音韵则精穷声纽，论地舆则考订山川，咸为前人所未发"，"而研求古籍复能提要钩玄，心知其意，凡古学之淹没者，必发挥光大，使绝学复明"。"戴氏既殁，皖南学者各得其性之所近，治数学者有汪莱，治韵学者有洪榜，治三礼者有金榜、胡匡中，以凌廷堪、胡培翚为最深，歙人程瑶田亦深于三礼之学"。"戴氏弟子舍金坛段氏外，以扬州为最盛"，扬学由此而兴，"高邮王氏传其形声训故之学，兴化任氏传其典章制度之学"，"仪征阮氏友于王氏、任氏，从凌廷堪、程瑶田学，得其师说"，亦能"贯纂群言，昭若发蒙，异于饾饤猥琐之学"。又有甘泉焦氏"著《周易通释》，掇刺卦爻之文，以字类相属通以六书九数之义"，"亦戴学之嫡派"。此后扬学又有"黄承吉研治小学以声为纲"，"凌曙治董子春秋"，'以礼为标"，刘孟瞻治《左氏》，刘宝楠治《论语》，"遂集北学之大成"。齐、鲁、幽、豫学风咸与江北学派相似，"遂为北学盛行之地"。①

---

① 刘师培：《仪征刘申叔遗书》（4），万仕国点校，广陵书社，2008，第 1629～1637 页。

　　刘师培称"北人重经术而略文辞，南人饰文辞以辅经术"，乃引前人之论比照清前中期南北考证学道："昔之《隋书·儒林传》论南北学也，谓南人简约而得其菁英，北人深芜穷其支叶。今观之近儒之学派，则吴越之儒功在考古，精于校雠，以博闻为主，乃深芜穷其支叶者也。徽扬之儒功在知新，精于考覈，以穷理为归，乃简约而得其菁英者也。南北学派与昔迥殊，此固彰彰可考者矣。"[1] 刘师培以皖南、江左为北学重镇，与今古文流派之别大有干系。清前中期南学"务于物名，详于器械，考于训诂，摘其章句，不能统其大义之所极"，乃至晚近常州今文学兴，庶为南学之一大变。"常州学者说文必宗西汉，解字必宗籀文，摧拉旧说以微言大义相矜"，庄、刘治经"皆比附公羊之义，由董生春秋以窥六经家法"，乃言"虞易罕通大义，毛诗颇略微言，马、郑注书颇多讹谬，左传别行不传春秋"，盖因"杜、贾、马、郑、许伏皆治古文，与博士师承迥别"。至此，今古文之派别分明，虽仅隔一江，却壁垒森严。"邵阳魏源、仁和龚自珍皆私淑庄氏之学，从刘逢禄问"，"湘潭王闿运亦治公羊春秋，以公羊义说五经"，"其弟子以资州廖平为最著，著书数十种，其学输于岭南"。今文学大昌其道，乃至"江北学者亦见异思迁"，若包慎言、刘恭冕治经皆欲以公羊义为大旨。然江北之学亦输入南方，"一曰闽中学派，一曰浙中学派"，此二派皆传自阮氏，惟德清俞樾"宗高邮二王之学"，为浙学别派。岭南、黔中则仍"沿摭拾校勘之学"。至此，"南方学派析为三：炫博聘词者为一派；摭拾校勘者为一派；昌微言大义者为一派。北方学派析为二：辨物正名者为一派，格物穷理者为一派"。[2]

　　至于清代文学，刘师培以为"北方之士咸朴僿塞，质略无文"，"南方文人则区骈、散为二体"。[3] 清代文学派别先有易堂诸子"竞治古文，而藻丽之作易为纵横"，侯方域、黄宗羲之文悉属此派，侯氏之文体出自老苏与东坡，然"其词以空辩相矜"，黄氏之文"早学纵横，尤长叙事"，"然失之于芜"，"仍蹈明人陋习"。浙东士大夫所为之文"以修洁擅长，句栉

① 刘师培：《仪征刘申叔遗书》（4），万仕国点校，广陵书社，2008，第1638页。
② 刘师培：《仪征刘申叔遗书》（4），万仕国点校，广陵书社，2008，第1640～1645页。
③ 刘师培：《仪征刘申叔遗书》（4），万仕国点校，广陵书社，2008，第1653页。

字梳，尤工小品，然限于篇幅，无奇伟之观"，汪钝翁、王渔洋之文亦属此派；再次为雍正、乾隆年间，方望溪"模仿欧、曾，明于呼应顿挫之法"，"桐城文士多宗之"，然"枵腹之徒多托于桐城派，以便其空疏"，惟姚姬传、恽子居、曾涤生之文为近世之绝作。治经之儒为文又有古文、今文之别，治古文者咸宗戴东原，其说经之文"简直高古，逼近毛传，辞无虚设，一矫亢长之习"。高邮王氏、仪征阮氏则"朴直无文，不尚辞藻"。今文家之文一则"杂采谶纬"，喜用"新奇诡异之词"，二则"由词曲入手"，"多哀艳之音"。常州庄氏、阳湖张氏"均工绵邈之文，其音则哀而多思，其词则丽而能则"。江都汪氏则自成一派，"于六朝之文得其神理，或以为出于《左传》《国语》"。龚、魏亦为一派，魏默深之文"明畅条达，然刻意求新，故杂奇语以骇俗流"，龚定盦之文"自矜立异，语羞雷同，文气佶聱，不可卒读，或语求艰深，旨意转晦"。而袁子才、胡天游之文则被刘师培斥为"滥而无归，华而不实"，"近于稗官家言，文学之中斯为伪体"。刘师培称日本文体输入中国后，"后生小子厌旧喜新，竞相效法"，"而前贤之文无复识其源流"，此又讽梁卓如"报章体"之言也。①

---

① 刘师培：《仪征刘申叔遗书》（11），万仕国点校，广陵书社，2008，第 4930~4932 页。

太谷学人吴载勋及其著作述论[*]

张　进^{**}

摘　要： 吴载勋为太谷学派的重要弟子，与张积功、张积中、李光炘、李光荣、李少平等太谷学派核心人物关系密切，交往深厚，并为张积中"还道于北"以及太谷学派南北合宗作出积极贡献。吴载勋著述遗存不多，主要有《味陶轩集》《梦梦斋词航》《吴慕渠诗余》等，为解读太谷学派及其历史活动提供了宝贵资料。

关键词： 吴载勋　《味陶轩集》　黄崖事件　太谷学派

吴载勋先后执贽张积中、李光炘门下，并与张积功、李光荣、李少平等太谷学派核心人物交谊深厚，成为太谷学派门下重要弟子，为张积中黄崖传学和太谷学派南北合宗作出重要贡献。吴载勋的著作主要有《味陶轩集》《梦梦斋词航》《吴慕渠诗余》等，既反映其与太谷学人的交往情况，又揭示了太谷学派南北二宗早期历史活动的基本状况，是研究太谷学派的重要珍贵史料。

* 本文为国家哲学社会科学基金后期资助项目"太谷学派文献研究"（19FZSB055）的阶段性成果。

** 张进（1971—），江苏句容人，历史学博士，扬州大学淮扬文化研究中心副教授，主要从事中国近现代学术史研究。

一 吴载勋的生平

吴载勋（1814①—1893），字苽卿，号慕渠，据其子吴荫培言，吴载勋
又"字宪嘉，号陶斋"②。吴载勋原籍安徽歙县③，《（民国）歙县志》对此
记载则有二：其一为"西溪南人"④，其二为"丰南人"⑤。道光七年
（1827 年），吴载勋因双亲谢世，跟随舅父耿绥之赴京邸读书。此后，吴载
勋寄籍顺天府大兴县，并考取监生，"系顺天府大兴县人，冠籍安徽歙
县"⑥。

吴载勋与张积功（字寄琴）、张积中为姨表兄弟，由于科场不第，后
来投靠时在山东为官的表兄张积功，负责处理各种杂务，"寄琴服官山左
廿余年，公私巨细，惟慕渠是赖"⑦。吴义培、吴荫培在《吴载勋哀启》中
对其父的早年这一经历亦有载："先严幼失怙恃，道光七年丁亥，从舅氏
耿绥之先生学京师，次年之中州，旋来山左，依中表张公积功。"⑧

---

① 咸丰二年（1852 年），《吴载勋履历》中载其"年三十九岁"，由此推知吴氏应生于 1814
年。见《吴载勋履历》，载秦国经主编《中国第一历史档案馆藏清代官员履历档案全编》
（第 25 册），华东师范大学出版社，1997，第 626 页。同治四年（1865 年），吏部所呈
《吴载勋履历单》中亦言："吴载勋现年五十二岁"，据此推算吴氏生年亦为 1814 年。见
《呈捐复山东候补知府吴载勋履历单》，中国第一历史档案馆藏《宫中朱批奏折》（微缩
胶卷），编号：04 - 01 - 13 - 0305 - 049。
② 吴荫培：《〈蜀抱轩文杂钞〉序》，《蜀抱轩文杂钞》，宣统三年铅印本；见林庆彰主编
《晚清四部丛刊》（第 6 编第 120 册），（台北）文听阁图书有限公司，2010，第 10 页。
③ 《味陶轩集》则题为"丰溪吴载勋慕渠著"，今属安徽旌德县；见吴载勋《味陶轩集》，
页一；《清代诗文集汇编》编纂委员会编《清代诗文集汇编》（第 681 册），上海古籍出
版社，2010，第 520 页。
④ 石国柱等修、许承尧纂《（民国）歙县志》卷五《选举志·仕宦》，页十三，民国二十六
年（1937 年）铅印本。
⑤ 石国柱等修、许承尧纂《（民国）歙县志》卷六《人物志·宦迹》，页八十四，民国二十
六年（1937 年）铅印本。
⑥ 《吴载勋履历》，载中国史学会济南分会编《山东近代史资料》（第一分册），山东人民出
版社，1957，第 145 页。
⑦ 张积中：《吴慕渠五十寿赠言》，《白石山房文钞》，载方宝川主编《太谷学派遗书》（第
二辑第一册），江苏广陵古籍刻印社，1998，第 229 页。
⑧ 吴义培、吴荫培：《吴载勋哀启》，载中国史学会济南分会编《山东近代史资料》（第一
分册），山东人民出版社，1957，第 144 页。

咸丰元年（1851年），吴载勋捐纳为候补知县，次年即被选用为山东文登知县，"知县加一级吴载勋，二年十一月选。"① 《吴载勋履历》亦云："（吴载勋）由候选知县，原选甘肃礼县知县，亲老题明，改选近省。今岁掣山东登州府文登县知县。"② 随后，吴载勋又"任留省防堵"③，因办事干练、颇有政声而得以连续晋级、升迁。咸丰四年（1854年），吴载勋由"（文登县）知县加一级"④，此后历任代理武城、淄川等县知县，调补泰安、历城等县知县，据吴荫培同治癸酉年（1873年）的朱卷履历记载："父，载勋，国学生，同知衔，山东文登县知县，调补泰安、历城县知县，历署武城、济宁直隶州知州，署济南知府。赏戴花翎，前山东候补知府，诰受朝议大夫。"⑤

吴载勋长期任职齐鲁且多有政绩，尤其在历城县任上政声颇隆，官民关系也相当融洽。《（民国）歙县志》对此有载："咸丰戊午（1858年）补历城令，课绩最，旋捕斩叛者大安等十余人，保知府。"⑥ 1860年底，吴载勋夫人倪宜人去世，历城百姓因感念吴氏"善政"而对其妻多有哀悼，当时山东名宿王钟霖对吴氏也有高度评价：

> 吴慕（渠）翁向办张寄琴先生账房……后在历城账房数年，故书差人仍称为"吴四老爷"。及由泰安调首县，官民素洽，政声颇好。历城向来绅士不入公门，有交情者尚或到署，民肃顺良，钱酒银价一任官要。现时各处闹漕，而历城银每两计浮收四倍，而无怨言，征收分数向来年清年款，虽值此乱时，业已征到七分有余，民间知慕翁不

① 《缙绅全书（咸丰四年春）》，北京荣禄堂刊本，第556页。
② 《吴载勋履历》，载秦国经主编《中国第一历史档案馆藏清代官员履历档案全编》（第25册），华东师范大学出版社，1997，第626页。
③ 方汝翼、贾瑚修，周悦让、慕荣干纂《（增修）登州府志》卷三三《文秩九》，页六，光绪七年刻本，载《中国地方志集成·山东府县志辑》第48辑。
④ 《缙绅全书（咸丰四年春）》，北京荣禄堂刊本，第556页。
⑤ 顾廷龙主编《清代朱卷集成》（第111册），（台北）成文出版社有限公司，1992，第134页。
⑥ 石国柱等修、许承尧纂《（民国）歙县志》卷六《人物志·宦迹》，页八十四，民国二十六年（1937年）铅印本。

日升济宁州牧，制万名［民］衣伞（扁）［匾］牌颂扬，乘此夫人出殡鼓吹恭送至署。①

　　1861 年 2 月，吴载勋冷静处置历城县内法国天主教堂地基的争端，不仅"确查地基"，而且"历城县选派妥役，小心护送出境"②，避免了事态的进一步恶化，比较妥善地解决相关纠纷。当时，山东境内捻军兴盛，"历城县知县吴载勋精明干练，有胆有识，且与团绅民均相浃治"③，确保境内平安。吴氏亦因防卫得力，深得时任山东巡抚文煜的赏识而擢升为代理济南知府，"辛酉，捻逆犯东境，省城戒严，大府以素能和辑民团，檄署济南府知府"④。此后，吴载勋为了防卫济南更是殚精竭虑、全力以赴，"昼夜筹备，守御两阅月，遂得头眩疾。时乡团多不法，齐河郭少棠、济阳王文训，至攻县城，劫邻村，势尤张，先严与汪中书兆侗、徐编修昌绪谋，嘱编修诱斩少棠于平原，而自率兵捕文训斩之，以是乡团势少戢"。吴氏也因靖安地方有功而被朝廷嘉奖，"以山东济南守城出力，赏知府吴载勋花翎"⑤。吴载勋任职济南期间，由于持续多年的战乱，辖地内蝗虫成灾，严重威胁民众生活。吴氏在倡导农桑生产的同时，尤其重视蝗虫的防治，于同治元年（1862 年），特意出资重刻李惺甫撰写的《现行捕徐蝗蝻要法》等农书，分发民间，指导治蝗工作。⑥

　　同治元年（1862 年）9 月，淄川爆发刘德培起义，吴载勋奉命前往弹压，但因"德培设备，吴太守不敢动，以好言慰之"⑦。由于吴载勋采取

① 王钟霖著，周生杰、周恬羽整理《王钟霖日记》（外一种），凤凰出版社，2017，第 194 页。
② 《署山东巡抚清盛奏法主教索还天主堂地基办理情形折》，载齐思和等编《中国近代史料丛刊：第二次鸦片战争》（5），上海人民出版社，1978，第 407 页。
③ 文煜：《奏为委令吴载勋署理济南府知府并鼓垣代理潍县知县事》，中国第一历史档案馆藏《军机处录副奏折》（微缩胶卷），编号：03－4160－052。
④ 吴义培、吴荫培：《吴载勋哀启》，载中国史学会济南分会编《山东近代史资料》（第一分册），山东人民出版社，1957，第 145 页。
⑤ （清）宝鋆、沈桂芬等纂修《穆宗毅皇帝实录》卷一，载《清实录》（第 45 册），中华书局，1986，第 83 页。
⑥ 王毓瑚编著《中国农学书录》，农业出版社，1964，第 273 页。
⑦ 《淄匪纪实》，载中国史学会济南分会编《山东近代史资料选集》，山东人民出版社，1959，第 21 页。

"怀柔"政策而"贻误战机"，淄川久攻不下，"淄川官军围城日久，未经攻克。两次窜出贼匪，虽行击迟，而逆贼踞城如故，毫无所损。所挖地道，屡未得手。是陈显彝带兵之不能得力，已可概见。已革知府吴载勋办理此事，始终贻误"①。吴氏亦因战事不利而罢官，"城久不复，遂落职"②。1865 年，吴氏通过捐输"兵谷"而复官，"嗣遵例捐，复知府原官。四年十二月初十日，经吏部带领引见，奉旨著准其捐复知府原官，照例用"③。

　　1866 年，吴载勋因直接牵涉到黄崖事件，被清政府流放东北。1867 年，吴氏抵达流放地之后，先与广凤等人合捐梅针箭八千支，然后"吴载勋情愿报捐六千支"④，吴氏由此得到清政府的宽宥，允许其为边疆事务"戴罪"出力，"吴载勋等捐输梅针箭，均令自买肥壮马匹，交迎提委员穆克德布管带"⑤。1869 年，吴载勋协助黑龙江将军德英、副都统克蒙额等人勘察东北疆界而立功，正如德英在奏折中所言："内有废员吴载勋、彭沛霖自备资斧，随同前往勘办，穿山涉水，往返周行，两月有余。该革员等不惮险阻，暑雨随地，遍历清查，积年控案得以妥速。……该革员等帮同办理诸务皆能细心从事。"⑥清政府因此赦免吴氏之罪并允其南归，"开荒抚民，并办瑷珲江东俄罗斯交涉事。将军克蒙额又奏派定札赉特杜尔伯特界，先后累功上闻，己巳赦归"⑦。吴慕渠南下后，应时已调任西安将军的克蒙额之邀前往相助，李光炘之子李少平作有《寄吴慕渠西

① 《议政王军机大臣字寄》（同治二年十二月十一日），载国家档案局明清档案馆编《宋景诗档案史料》，中华书局，1959，第 197 页。
② 《吴载勋履历》，载中国史学会济南分会编《山东近代史资料》（第一分册），山东人民出版社，1957，第 145 页。
③ 《呈捐复山东候补知府吴载勋履历单》，中国第一历史档案馆藏《宫中朱批奏折》（微缩胶卷），编号：04-01-13-0305-049。
④ 德英等：《奏为革员广凤吴载勋自抵戍后勤慎当差捐输箭枝请量予恩施等事》，中国第一历史档案馆藏《军机处录副奏折》（微缩胶卷），编号：03-4817-017。
⑤ 万福麟修、张伯英等纂《黑龙江志稿》卷三十一《武备兵事》，页七十七，民国二十二年（1933 年）铅印本。
⑥ 德英等：《奏为已革山东候补知府吴载勋等员在戍当差出力请恩释事》，中国第一历史档案馆藏《宫中朱批奏折》（微缩胶卷），编号：04-01-01-0903-016。
⑦ 《吴载勋履历》，载中国史学会济南分会编《山东近代史资料》（第一分册），山东人民出版社，1957，第 145 页。

安》相赠，其云："吴自黑龙戍所奉敕回京，旋赴西安将军之招，因赠之云尔。"①

1872年，吴载勋从北方前往江苏，《申报》对此有报道："前山东候补知府吴载勋直隶来。"② 光绪元年（1875年），吴载勋开始定居高邮，除了参与太谷学派的交游活动，并不主动与外界联系，几乎为时人所遗忘，"光绪乙亥，携仲子（吴念培）及长孙葆生之江苏，途寓高邮州，时年踰六十矣。布衣蔬食，文翰自娱，岁时伏腊，徒步诣戚友家道旧故，人不知曾入宦途也。"③ 1893年，吴载勋在高邮去世，后归葬山东济南。

据吴载勋之孙吴吝白（保琳）所言，吴氏虽然在山东为官多年，但是"一无土地，二无恒产"④。不过，这只是吴氏后人的"为尊者讳"之言，据时人记载，吴载勋在任期间还是积累了相当的财富，"首县吴（暮）[慕]渠四兄在淄川存有宦赀，以曾任斯邑，有人照料也。其管帐房之李云卿者，扬州人，家计素厚，属为长毛所伤，不能存身，乃移室到东。恐省中有乱，早亦送家口至淄川避难，兹闻贼到，云卿赶至淄川，正在收拾他往而为所杀，并及其庶母，如不星夜赶来，尚不致死。从扬州辛苦逃出，仍死于乡贼，或真在劫难逃也。闻吴四兄宦赀亦损去不少，然不敢言。其他受害者尚不知谁何？"⑤

二 吴载勋与太谷学派

吴载勋早年即喜好仙道，追求隐逸生活，曾明确表示"予髫年读隐逸诸传，心窃慕之，尝有遗世之志"⑥，因此亦对太谷"圣功"产生倾慕之

① 李少平：《寄吴慕渠西安》，《黄蘖山人诗集》卷下，页二十四，光绪十四年刻本。
② 《苏省抚辕事宜》，《申报》同治十一年十月十五日（1872年11月15日），第5版。
③ 《吴载勋履历》，载中国史学会济南分会编《山东近代史资料》（第一分册），山东人民出版社，1957，第144~145页。
④ 吴吝白：《黄崖案的回忆》，载中国史学会济南分会编《山东近代史资料》（第一分册），山东人民出版社，1957，第163页。
⑤ 王钟霖著，周生杰、周恬羽整理《王钟霖日记》（外一种），凤凰出版社，2017，第222页。
⑥ 吴载勋：《题听泉图并序》，《味陶轩集》，页九；《清代诗文集汇编》编纂委员会编《清代诗文集汇编》（第681册），上海古籍出版社，2010，第524页。

心。张积中也认为"慕渠虽贵,而自视淡如,作听泉图现志,其心之悠然林表,不为物累,概可知已"①。吴载勋虽遨游宦海多年,但并不醉心于官场升迁而长期留意于学术,正如其表外甥女李素心所言:"慕渠表母舅大人潜心孔孟,旁及二氏,虽现宰官身,而三教之书,无时不读,三教之与,无所不窥,殆所谓仕而优则学者也。"② 吴荫培也说其父"不喜仕进,为人忠厚朴诚,里党称之"③。

在诸多太谷学派弟子中,吴载勋与李光荣的交游最深。李光荣生性浪漫,属于性情中人,正如其兄李光炘所言:"弟天真烂漫,倜傥人也。"④由于志趣相近、情投意合,吴载勋自 1841 年初识李光荣,直至 1858 年李氏病逝,二人一直保持着深厚的友情。1853 年,扬州、仪征等地成为清政府与太平天国浴血厮杀的主战场之一,李光荣被迫先后移居山东淄博、泰安以及江苏镇江等地避难。由于长期颠沛流离、寝食难安,李光荣于 1855 年身染肺病,远在齐鲁的吴载勋除了嘘寒问暖,还特意致函叮嘱其不必为作诗而劳心伤神,李氏对此也是感激不已:"乙卯仲春,予忽得咯血之症,慕渠来书,于问病之外兼戒以少作诗。噫,良友深情,其爱我者至矣。"⑤由于"家徒困顿嗟何极"⑥,李光荣在江南一度难以生存,吴载勋则多次盛情邀请其北上。1856 年,李光荣前往山东,暂住吴氏官署,虽然这期间二人诗酒唱和、相得甚欢,但因其病情加重而被迫于 1858 年春季折返南方,"南园有肺病,病辄伏枕喘嗽,病少已,亦复觞咏自豪"⑦。李光荣南下后,

① 张积中:《吴慕渠五十寿赠言》,《白石山房文钞》,载方宝川主编《太谷学派遗书》(第二辑第一册),江苏广陵古籍刻印社,1998,第 231 页。
② 《黄崖山案史料二种》之一《松门坐月图》,载中国史学会济南分会编《山东近代史资料》(第一分册),山东人民出版社,1957,第 141 页。
③ 吴荫培:《〈蜀抱轩文杂钞〉序》,《蜀抱轩文杂钞》,宣统三年铅印本,载林庆彰主编《晚清四部丛刊》(第 6 编第 120 册),(台北)文听阁图书有限公司,2010,第 10 页。
④ 李光炘:《弁言》,载李光荣《南园集》卷上,同治年刻本。
⑤ 李光荣:《乙卯仲春,予忽得咯血之症,慕渠来书,于问病之外兼戒以少作诗。噫,良友深情,其爱我者至矣。追维畴昔,感慨系之,因复寄四律》,《南园集》卷下,页九,同治年刻本。
⑥ 李光荣:《乙卯仲春,予忽得咯血之症,慕渠来书,于问病之外兼戒以少作诗。噫,良友深情,其爱我者至矣。追维畴昔,感慨系之,因复寄四律》,《南园集》卷下,页九,同治年刻本。
⑦ 吴载勋:《序》,载李光荣《南园集》卷上,同治年刻本。

寄居镇江僻远之地，半年之后就因贫病交加而辞世，"丙辰，予权篆淄川时，则南天盗警烽火满郊，因作书招之，南园遂挈眷来，继至泰安，前后仅一载。病剧复甚复归，归而避地于京江之深僻处，忧患余生，贫病交迫，不半载遂殁"①。吴载勋对挚友的英年早逝则是伤感不已："呜呼！友朋聚散之感岂不悲哉！道光辛丑，与南园始相见于真州。酬对之初，欢如旧识。爱其慷慨磊落，遂订交焉。嗣赴山左偕游崂山，揽胜探奇，寻幽选妙，赓唱迭和，俯仰流连，而予与南园愈称莫逆矣。"② 李光炘长子李少平对二人之间的友情亦大加赞许："叔素伉直，与朋友交，常率真自［然］，夫素尽利兴，薄俗难返。以故友朋之伦，多丑其戆，顾独与太守吴君交较厚，谊较亲，弥留时缄此篇远寄太守。"③

吴载勋虽然与张积功、张积中、李光炘、李光荣、李少平等太谷学派人物交游甚深，且其仰慕太谷"圣功"已久，但其起初只是张积中的私淑弟子，并未正式及门。张积中在《吴慕渠五十寿赠言》中曾明确强调："慕渠为予姨弟，幼孤，先太夫人抚之如自己出，故予兄弟视慕渠如胞兄（弟）。……予少奉崆峒，得濂洛关闽之学。慕渠，予之小弱弟也，心向之，私淑于予。"④ 咸丰六年（1856 年），太平军攻占扬州，张积中举家"避而出"⑤，但其浅碧山房则毁于战乱，"山房火，图书灾"⑥，被迫北上齐鲁，投奔吴载勋，"积中徙家北行，会中表吴某官山东，因依卜筑博山县，既而侨居肥城县西北六十里黄崖山"⑦。张积中奔赴山东后，遵循其师周太谷"还道于北"的遗命，在黄崖正式开宗传学，吴氏此时方得以入贽

---

① 吴载勋：《序》，载李光荣《南园集》卷上，同治年刻本。
② 吴载勋：《序》，载李光荣《南园集》卷上，同治年刻本。
③ 李汉章：《跋》，载李光荣《南园集》卷上，同治年刻本。
④ 张积中：《吴慕渠五十寿赠言》，《白石山房文钞》，载方宝川主编《太谷学派遗书》（第二辑第一册），江苏广陵古籍刻印社，1998，第 229 页。
⑤ 张积中：《期云馆诗花屏序》，《白石山房文钞》，载方宝川主编《太谷学派遗书》（第二辑第一册），江苏广陵古籍刻印社，1998，第 161~162 页。
⑥ 张积中：《三角桃花研铭》，《白石山房文钞》，载方宝川主编《太谷学派遗书》（第二辑第一册），江苏广陵古籍刻印社，1998，第 145 页。
⑦ 张曜：《山东军兴记略》卷二十一《黄崖教匪》，载中国史学会主编《中国近代史资料丛刊·捻军》（第4册），上海人民出版社，1957，第 410 页。

其门下，成为黄崖弟子。正如张积中侄女张静娟所言："慕渠四叔，宿契儒宗，早通禅学，已证当头之月，遂开不二之门。"① 吴慕渠曾作有《题听泉图并序》，也详细描述其入赘前后的人生经历：

　　不堪往事忆崆峒，沦落人间西复东。手把念珠心已碎，春风惆怅海天空。

　　总是人间未了缘，洗心松下悟真诠。山光拥翠飞泉急，弹指声中路八千。

　　一卷金刚一味禅，人天消息竟芒然。记从迦叶传心印，逝水光阴廿四年。

　　收拾琴书归去来，万山深处锦屏开。自家听得源头活，坐对松荫冷绿苔。②

　　吴载勋入室后，为张积中黄崖传学更是公开摇旗呐喊，极力打造声势，在其直接引介之下，济南的许多士绅也举家迁居黄崖，拜张积中为师，成为太谷学派北宗弟子。《山东军兴记略》对吴载勋助力黄崖传学的作用也有反映："吴某方宰历城，为署巡抚清盛所昵，骤跻首府，吹枯嘘生，咳唾可怖，而推崇积中不容口，于是官僚缘某师事积中者寝多。"③ 吴奇白也认为："张积中在黄崖讲学，是先祖在济南府任内替他揄扬的缘故。"④ 1862 年，吴载勋因淄川失陷去职，曾一度投奔张积中，暂居黄崖山寨。

　　1865 年，张积中因卷入王小花案件，一度受到山东巡抚阎敬铭的严

---

① 《黄崖山案史料二种》之一《松门坐月图》，载中国史学会济南分会编《山东近代史资料》（第一分册），山东人民出版社，1957，第 141 页。

② 吴载勋：《题听泉图并序》，《昧陶轩集》，页九；《清代诗文集汇编》编纂委员会编《清代诗文集汇编》（第 681 册），上海古籍出版社，2010，第 524 页。

③ 张曜：《山东军兴记略》卷二十一《黄崖教匪》，载中国史学会主编《中国近代史资料丛刊·捻军》（第 4 册），上海人民出版社，1957，第 410 页。

④ 吴奇白：《黄崖案的回忆》，载中国史学会济南分会编《山东近代史资料》（第一分册），山东人民出版社，1957，第 162 页。

查。吴载勋在阎氏面前则为张积中多有美言，使其暂时逃过一劫，"未几，张公之弟居黄崖，被口语，先严力保其无他"①。1866 年，张积中再度牵涉政治风波，阎敬铭派人密查，吴载勋虽然从中竭力斡旋，但由于事态严重且局势快速恶化，吴氏也无力转圜，黄崖山寨与清军之间发生军事冲突，最终引发黄崖惨案。由于吴载勋无法洗脱与张积中及黄崖山寨之间的干系而难逃罪责，正如阎敬铭奏片所云："候补知府吴载勋，系张积中姨表兄弟，向亦偶居黄崖，尚非同庄近邻。该匪滋事之先，吴载勋即行出山，若谓吴载勋通匪，遍加访查，实无确据；惟当邓馨、陈恩寿、唐文箴往拿张积中时，适遇吴载勋，据称'张积中实往游五峰山，随后令其到案'各情；嗣张积中抗拒势成，大烦兵力，吴载勋实难辞误事之咎。"② 吴载勋亦被清廷革职流放，"吴载勋与逆首张积中戚属，向与同居黄崖山内，虽无通匪实据，惟事前既不举发，又与委员前往查拿之时，以张积中业已他往，诳言相告，实属有意庇护，仅予发往军台，不足蔽辜，吴载勋着即革职，永不叙用，并发往黑龙江充当苦差"③。

黄崖事件后，太谷学派北宗弟子星散，道统也无法维系，吴载勋因此也于光绪五年（1879 年）转赞李光炘为师，成为龙川弟子。《龙川夫子年谱》对此有载："五年己卯，……正月，吴载勋来。……载勋字慕渠，师之表弟也，守济南时，游于张先生之门。解组后，因慕师道，乃纳贽焉。"④ 吴氏的入赞直接影响更多的黄崖弟子转投太谷学派南宗，"黄崖学者先后南来者有吴载勋字慕渠、虞作恭字伯允、作哲字季升、赵宽字鸣岐等"⑤。太谷学派南北二宗弟子人员的频繁互动，也为日后的南北合宗提供了便利。

---

① 《吴载勋履历》，载中国史学会济南分会编《山东近代史资料》（第一分册），山东人民出版社，1957，第 145 页。
② 《阎敬铭围剿黄崖山奏折》，中国第一历史档案馆藏《军机处录附奏折》（微缩胶卷），编号：03 – 166 – 8911 – 56。
③ 《阎敬铭围剿黄崖山奏折》，中国第一历史档案馆藏《军机处录附奏折》（微缩胶卷），编号：03 – 166 – 8911 – 56。
④ 谢逢源：《龙川夫子年谱》，载方宝川主编《太谷学派遗书》（第一辑第三册），江苏广陵古籍刻印社，1997，第 74 页。
⑤ 谢逢源：《龙川夫子年谱》，载方宝川主编《太谷学派遗书》（第一辑第三册），江苏广陵古籍刻印社，1997，第 86 页。

由于吴载勋资历深厚，又与张积中、李光炘等人交往深厚，尤其是其兼跨太谷学派南北二宗，其一度成为太谷学派南北学人联络的重要枢纽。例如，光绪九年（1883年），吴载勋专门致函黄崖弟子朱玉川等人，转告黄葆年即将南下济南的消息。朱玉川得讯后，与其弟朱莲峰和赵伯言即刻动身，徒步数百里前往济南，专门与黄葆年等人会面，黄氏也为朱玉川等人的不辞辛劳而深深打动，"朱君玉川、莲峰兄弟暨赵君伯言皆长清人，黄崖旧学人也。得叶、吴两君书，知予在济南，步行来访，接谈甚洽"①。这次相见成为黄崖事件之后太谷学派南北二宗弟子的重要聚会，也为太谷学派南北合宗揭开了序幕。

三　吴载勋的著述

吴载勋现存著述主要有《味陶轩集》《梦梦斋词航》《吴慕渠诗余》等三种，但不知何故，张德广在编《归群宝笈目录》时并没有将其收录。

（一）《味陶轩集》

《味陶轩集》原名《梦梦斋诗集》，据吴吉白在《丰南志》中所作按语所云："此书已刊，原名《梦梦斋诗集》，后改今名。琳记。"②《味陶轩集》现有宣统二年（1910年）刻本，已收入《清代诗文集汇编》第681册。此书由其子吴荫培校刊，经其孙吴保珏、吴保琳、吴保森、吴保城和吴保璋校对。全书共收录吴氏诗84首、词28首和文1篇，文即《〈南园诗集〉叙》。不过，吴荫培在《新安吴氏艺文志略》则云："《味陶轩集》，吴载勋著，诗八十四首、词二十三首、文一首。"③ 两者记载略有不同，主要是吴氏之词的数量相差5首。

① 黄葆年：《赠黄崖学者并序》，《归群草堂诗集》，载方宝川主编《太谷学派遗书》（第二辑第二册），江苏广陵古籍刻印社，1998，第101页。
② 吴吉祐：《丰南志》，载江苏古籍出版社编《中国地方志集成·乡镇志专辑》（第17册），江苏古籍出版社，1992，第338页。
③ 吴荫培：《新安吴氏艺文志略》，清宣统三年（1911年）刻本，第5~6页。

《味陶轩集》的诗、词目录分别如下：

诗：《渡滹沱河一首》《对雪有怀一首》《咏雪一首》《第一花朝题咏一首》《雨后东园观梅有感一首》《赠柳八一首》《偶成一首》《落梅四首》《春暮三首》《月夜独坐有怀六首》《步赵既安原韵四首》《咏怀一首》《吊周文卿四首》《由即墨入崂山一首》《望海楼一首》《白云洞一首》《明霞洞一首》《游崂山有感一首》《怀柳灵源一首》《赠别一首》《无题二首》《过汶河有感一首》《哭张寄琴三兄七首》《题松门坐月图一首并序》《题听泉图四首并序》《题屠啸云二兄移石二首》《赠曹霞屏兄一首》《出山海关一首》《渡松花江，宿三家仔，赋此一首》《见白莲花有感一首》《伊慎远招饮即席作一首》《戊辰立春日有怀一首》《偶成一首》《和德润堂军帅感怀并步原韵二首》《和德润堂军帅以自纪并步原韵一首》《复德润堂军帅原韵一首》《题倭慎亭防御花鸟屏八首》《赠孙露江二首》《哭李少平汉章四首》《赠赵伯言一首》《寄示儿曹一首》《消寒第三集赴海陵未归一首》《消寒第六集夏路门兄以诗速客，因得七截一首》《消寒第七集应铭卿约，以诗赠之一首》《消寒第八集□□招饮得七律一首》。

词：《菩萨蛮 春闺 道光庚子》《菩萨蛮 闺思》《点绛唇 闺情》《菩萨蛮 送赵既安之真州》《蝶恋花 本意》《画堂春 春暮》《卜算子》《清平乐 留别邵汴生三兄》《卜算子 无题道光壬寅》《高阳台 愁思》《点绛唇 水仙 道光甲辰》《南楼令 题香君小像 道光乙巳》《绮罗香 题秦云樵武陵春色园小影》《一枝春 憩园题咏》《生查子 题牛仲远异蒂莲图》《菩萨蛮 题王侣樵明湖消夏图小影》《风入松 题盛小澜小照》《捣练子 题蓉卿女史画兰执扇》《绮罗香 重经憩园有感 同治甲子》《捣练子 梅花》《生查子》《浣溪沙 消寒第一集柳亭招饮并出大作属和勉应一阕》《绮罗香 消寒第三集题宾谷自画梅花九九消寒图》《菩萨蛮 消寒第四集》《南楼令 消寒第五集吴麐书招饮得此阕赠之》《捣练子 消寒第九集》《踏莎行 春思》《望江南 佚题》。

　　《味陶轩集》记载了吴载勋与太谷学人之间的交游以及太谷学派活动的情况，如《步赵既安原韵四首》《吊周文卿》《赠赵伯言光绪乙酉》《菩萨蛮 送赵既安之真州》《捣练子 题蓉卿女史画兰执扇》等，其中赵既安即赵梦山，是李光炘的表兄，亦为周太谷弟子。周文卿名纯，为周太谷长孙，"蓉卿女史"即李光炘侄女李蓉卿，同时亦为周文卿之妻。赵伯言先是张积中门下黄崖弟子，后执贽李光炘成为龙川弟子。《绮罗香 重经憩园有感 同治甲子》《哭张寄琴三兄七首 咸丰甲寅三月》《题松门坐月图一首并序》则反映张积功出任汶上县令、血战临清以及张积中登临泰山等历史活动。其中，《哭张寄琴三兄七首 咸丰甲寅三月》，不仅揭示吴氏对张积功的深切缅怀，而且披露张氏罹难前后的诸多细节。

　　　　清源警报起蛮烟，画角声催寒撤（彻）天。誓守孤城酬圣主，捐躯挥泪读遗篇。（闻城将破，犹读《杀身成仁篇》。）

　　　　警传雉堞摧残日，犹冀危城可暂安。（南门为贼攻破，外城尚能拥兵固守。）岂意连宵烽火急，空将血泪伴春寒。

　　　　曾记春初话别时，临歧不忍遽分离。谁知寒食江南日，魂断江源羽檄驰。

　　　　廿载相依共苦辛，曾经剪灯话前因。伤君未遂旧山志，辜负睢阳百练身。（大兵相持十余日，不能解围，以致城陷，寄琴兄全家殉难。）

　　　　高堂曾示梦中因（庚戌，寄琴兄梦入济宁州昭忠祠，为老夫呵叱而出），错会元机误此身。虚位留君非诳语，始知真际不生尘。

　　　　本是龙沙会里人，春风肠断太伤神。可怜弱水三千路，何独君身入劫尘。

　　　　瘦骨零丁强自支，思君如醉复如痴。一声弹指优昙现，惟祝生天梦有知。①

---

① 吴载勋：《哭张寄琴三兄 咸丰甲寅三月》，《味陶轩集》，页七；《清代诗文集汇编》编纂委员会编《清代诗文集汇编》（第681册），上海古籍出版社，2010，第523页。

"誓守孤城酬圣主，捐躯挥泪读遗篇"说明，张积功拼死坚守临清城，直到太平军攻破城池，其还在诵读《杀身成仁篇》，这一点充分显示太谷学派的"立功"思想。"廿载相依共苦辛"一句则说明，吴载勋于1834年投奔张积功成为其幕佐。

《哭李少平汉章四首 光绪甲申》则记述了吴载勋与李少平交往的历程，"忆自同治丁卯（1867），与君判袂，临歧握手，不尽依依。迨己巳（1869），予归西晋，君返龙川，从此天涯隔绝。又七年（1875），始得晤于邗江，故旧相逢，悲喜交集。癸未冬，见君神气少颓。甲申（1884）夏五，乃忽焉长逝。初，不虞五十许，人遽返道山。呜呼！君抱济世才，不能一展其志，而竟淹没以终，能不悲夫，能不悲夫。因得诗四截以哭之，魂如有灵，其鉴我焉"。

> 回首东山十七年，曾经携手鹊桥前。烟云过眼俱成幻，莫负真言步九天。
> 我本与君旧有缘，曲阑诗酒化当年。龙川正喜重相聚，讵料归山独抚弦。
> 撒手西归别有天，高堂痛子泪潸然。百篇幸得知音者（李汉春军门为刻诗集），少慰双亲夜不眠。
> 人事烟云思渺然，羡君丰韵正翩翩。可怜傲性终难解，惟况他生再结缘。①

吴载勋在诗中提到的几个时间节点，与前面所述吴氏生平高度吻合。吴氏在诗作中还明确交代，李汉章的《黄蘖山人诗集》由李长乐刻印，共收录其诗约百首的信息，这与李长乐所言一致："少平既死，其友黉君锡朋乃以其生平所为诗一卷示，予受而读之，则少平子性情面目历历如在。

---

① 吴载勋：《哭李少平汉章　光绪甲申》，《味陶轩集》，页十五；《清代诗文集汇编》编纂委员会编《清代诗文集汇编》（第681册），上海古籍出版社，2010，第527页。

呜呼！见其诗如见少平矣，乃为梓而行之以志。"① 同时，吴氏也强调李氏一生"傲性终难解"的个性特征，这也与谢逢源在《龙川夫子年谱》中"少平博学多文，以理学自足，独居邗上十余年"② 的记述可以相互印证。

此外，吴氏《消寒第三集 时有海陵之役，惜未得与，归读诸君佳制，得截句一章以志欣羡》③ 则反映，吴氏曾赴泰州游历，与李光炘及太谷学派南宗弟子进行游学活动。

吴载勋在《味陶轩集》中的许多诗词都经李少平作注，这既体现出二人的真挚友谊，又反映出李少平的诗词造诣在太谷学派中首屈一指。李少平对吴氏诗词多有赞赏，试举二例如下。

> 《望海楼》：昔饮庐山水，今登望海楼。如闻风雨急，撼动古今愁。云气连空碧，烟光接远流。倚阑凭眺望，往事日悠悠。

由于吴氏此诗与唐朝的五言律诗的风格极为相似，且意境悠远，李少平的注为"竟体唐裁，是杰作也"④。

> 《菩萨蛮·送赵既安之真州》：春风吹皱湘波绿，相思萦绕阑干曲。驿路柳丝长，离人空断肠。马蹄芳草碧，杜宇催归急。珍重客衣单，杏花春雨寒。

李少平认为，吴氏此词与李清照的"吹皱一池春水"可谓异曲同工，

---

① 黄葆年代李汉春作：《〈黄囊山人诗集〉序》，黄葆年《归群草堂文集》，载方宝川主编《太谷学派遗书》（第二辑第二册），江苏广陵古籍刻印社，1998，第 59 页。
② 谢逢源：《龙川夫子年谱》，载方宝川主编《太谷学派遗书》（第一辑第三册），江苏广陵古籍刻印社，1997，第 84 页。
③ 吴载勋：《味陶轩集》，页十七至十八；《清代诗文集汇编》编纂委员会编《清代诗文集汇编》（第 681 册），上海古籍出版社，2010，第 527～528 页。
④ 吴载勋：《望海楼》，《味陶轩集》，页五；《清代诗文集汇编》编纂委员会编《清代诗文集汇编》（第 681 册），上海古籍出版社，2010，第 522 页。

所以注云："绝似北宋"。①

（二）《梦梦斋词航》

《新安吴氏艺文志略》云："《梦梦斋词航》，吴载勋，三十四世，慕渠辑。"② 此书为吴氏早年编辑的宋代词人选集，曾由张积中加以筛选、编订，张氏在《吴慕渠五十寄赠言》一文中称其"好小词，得南北宋意。予为选《词航》"③。由此可见，至迟在吴载勋 50 岁时，此书已经编成。不过，此书因故一直未能刊行，黄崖弟子虞季升曾藏有抄本。1911 年，其孙吴杏白在苏州拜见虞氏时，获赠此书抄本，并对此书作有按语："琳案，此书无存。但琳于宣统三年在苏州晋谒虞季叔五舅从哲于醋库巷，康斋以钞本《梦梦斋词航》见贻，公张石琴先生选钞先祖选本也。"④ 后来，此书可惜毁于战火，"《梦梦斋词航》抄本二册……无刻本，惜携至太原，兵燹遗失"⑤。

（三）《吴慕渠诗余》

《归群词丛》中还载有《吴慕渠诗余》一种，不过此书仅辑录吴氏词作《南楼令 题李香君小像》一首。⑥ 其实，《味陶轩集》也收录有此词。其词全文如下：

> 眉妩暗生愁，秦淮烟水流，送斜阳，下了帘钩。看到荼蘼春又

---

① 吴载勋：《菩萨蛮 送赵既安之真州》，《味陶轩集》，页十八；《清代诗文集汇编》编纂委员会编《清代诗文集汇编》（第 681 册），上海古籍出版社，2010，第 528 页。
② 吴荫培：《新安吴氏艺文志略》，清宣统三年（1911 年）刻本，第 5～6 页。
③ 张积中：《吴慕渠五十寿赠言》，《白石山房文钞》，载方宝川主编《太谷学派遗书》（第二辑第一册），江苏广陵古籍刻印社，1998，第 231 页。
④ 吴吉祜：《丰南志》，载江苏古籍出版社编《中国地方志集成·乡镇志专辑》（第 17 册），江苏古籍出版社，1992，第 338～339 页。
⑤ 吴杏白：《黄崖案的回忆》，载中国史学会济南分会编《山东近代史资料》（第一分册），山东人民出版社，1957，第 165 页。
⑥ 张德广辑录《归群词丛》，载方宝川主编《太谷学派遗书》（第二辑第七册），江苏广陵古籍刻印社，1998，第 119 页。

去，谁与我、共登楼。

香冷玉搔头，西风两鬓秋，掩重门，清梦如鸥。眼底桃花襟上泪，知此恨、几时休。

对比两个版本，词句内容完全一样。不过，在《味陶轩集》中，此词名为《南楼令 题香君小像 道光乙巳》，同时词末还有李少平的题注云："淑玉遗音"①。

① 吴载勋：《南楼令 题香君小像 道光乙巳》，《味陶轩集》，页二十八；《清代诗文集汇编》编纂委员会编《清代诗文集汇编》（第681册），上海古籍出版社，2010，第529页。

福建镇海卫扬州籍军户与陈真晟学派渊源考

刘　涛[*]

摘　要：围绕明代福建镇海卫扬州籍军户与陈真晟学派渊源，运用历史人类学研究方法进行考察，从中发现陈真晟及其学派与明代福建镇海卫原籍扬州的军户关系密切，既有陈真晟的伯乐、高足，又有积极支持陈真晟移风易俗的女性，促进了陈真晟学派的发展，建构了陈真晟学派文化符号。

关键词：桂福　桂宗　陈真晟学派

陈真晟（1410—1473），自号漳南布衣，生于福建镇海卫，其学术思想是程朱理学与明代心学的重要过渡，成为闽学、闽南卫所军户的重要文化符号。目前，陈真晟学派研究以黄大林《明前期漳州理学和教育名家陈真晟述评》一文为代表，但存在搜集史料不足、文献考证不够、未进行文本分析等问题。郑榕《14—18世纪闽南的卫所、户籍与宗族》一文未发现明代闽南卫所军户曾形成原籍文化圈，未对陈真晟与福建镇海卫将领关系进行考察。①

基于陈真晟学派与福建镇海卫扬州籍军户关系密切，却长期以来未得到学术界应有的关注，本文将广泛搜集文集、地方志、《明实录》、碑铭等

---

　*　刘涛（1985—），男，福建漳平人，龙岩学院闽台客家研究院研究员、肇庆学院肇庆经济社会与历史文化研究院历史文化研究员，研究方向为历史人类学、闽学。

①　黄大林：《明前期漳州理学和教育名家陈真晟述评》，《福建论坛》（人文社会科学版）2011年第11期；郑榕：《14—18世纪闽南的卫所、户籍与宗族》，博士学位论文，闽南师范大学，2017。

史料，重新审视陈真晟学派的发展历程，还原福建镇海卫扬州籍军户应有的历史地位，并揭示其长期被忽视的原因。

一 促成陈真晟开宗立派（1444～1473年）

（一）陈真晟的伯乐桂福

1. 扬州府江都县人

正德《大明漳州府志》记载：

> 其先直隶江都县人，祖德，起身戎行，由百户累升平阳卫指挥金事，乃老，子新替。洪武三十四年，调镇翔卫，有功，升平阳卫指挥同知，卒。子青继，卒，子福继。宣德七年，调镇海卫。修城垣、盖卫署、建鼓楼。正统十四年，邓茂七反，以平贼功，升福建都指挥金事，改广东。平日崇重斯文，众相与立碑道左，陈布衣晟题曰："斯文遗爱"，及老致事。①

桂福的故里全称"南直隶扬州府江都县"，曾祖桂德编入军户，桂福在明宣德七年（1432年）由山西平阳卫指挥同知调任福建镇海卫指挥同知。"陈布衣晟"即陈真晟，"以布衣自号"②，此处遗漏"真"字。

与桂福同时的漳州卫指挥金事顾斌在方志中有以下记载："凤阳人，袭父职为漳州卫指挥金事"③。其父顾达"调漳州卫"④。

---

① （明）陈洪谟：正德《大明漳州府志》卷二九《兵政志·武臣事考·镇海卫指挥考》，中国人民政治协商会议福建省漳州市委员会整理，厦门大学出版社，2012，下册，第1791页。

② （明）陈洪谟：正德《大明漳州府志》卷二六《人物传·国朝人物·陈真晟》，下册，第1612页。

③ （明）黄仲昭：《八闽通志》卷三八《秩官·名宦·郡县·漳州府》，福建省地方志编纂委员会旧志整理组、福建省图书馆特藏部整理，福建人民出版社，1990，上册，第809页。

④ （明）陈洪谟：正德《大明漳州府志》卷二八《兵政志·武臣事考·漳州卫指挥考》，下册，第1738页。

2. 重视文教

（1）获陈真晟题词

正德《大明漳州府志》始载桂福获赠陈真晟题词，该志为陈真晟高足"福建镇海卫人"周瑛所纂①，桂福确系福建镇海卫最早尊师重教的将领。

陈瓘《布衣陈先生行实》称：陈真晟"慨海滨荒不知书，始作书橱一座"②。按"先生取卢氏，子二曰玏、曰瓘"③。陈瓘是陈真晟的次子，④ 所述福建镇海卫原本不知书是可信的。陈真晟"盖学堂一座三间，训诲严条约，以身先之化导"⑤，桂福应是其支持者，批准其在卫所建房收徒。

陈真晟为桂福题词"斯文遗爱"的"遗爱"二字，与官员离任时获立"遗爱碑"意涵相同。嘉靖《广东通志初稿》云：广东都指挥佥事有"桂福，天顺七年任"⑥。桂福在天顺七年（1463年）离开福建镇海卫前往广州出任广东都指挥佥事。福建镇海卫军户为立去思碑，陈真晟题司相赠。桂福在福建镇海卫任职期间"崇重斯文"，陈真晟由此提及"斯文"，敬称"遗爱"，寓意桂福崇文重教之举将永垂后世。

福建镇海卫城在"洪武二十年，江夏侯周德兴以备倭创建其城"⑦ 后，"岁久城倾圮"⑧，"正统十三年，指挥同知桂福修"⑨。福建镇海卫城始建于洪武二十年（1387年），直到正统十三年（1448年）由桂福主持重修。

---

① 《明成化五年进士题名碑录（己丑科）》，载《明清历科进士题名碑录》第1册，华文书局，1969，第323页。
② （明）陈真晟：《布衣陈先生存稿》卷八《附录：言行录、行实、赞、传》，明万历李畿嗣刻本，湖北省图书馆藏，第92页b。
③ （明）陈瓘：《布衣陈先生行实》，载（明）陈真晟《布衣陈先生存稿》卷八《附录：言行录、行实、赞、传》，第95页a。
④ （明）陈瓘：《布衣陈先生行实》，载（明）陈真晟《布衣陈先生存稿》卷八《附录：言行录、行实、赞、传》，第90页a。
⑤ （明）陈瓘：《布衣陈先生行实》，载（明）陈真晟《布衣陈先生存稿》卷八《附录：言行录、行实、赞、传》，第92页b。
⑥ （明）戴璟、张岳等：嘉靖《广东通志初稿》卷七《秩官上·国朝·都指挥佥事》，嘉靖年间（1522~1566年）刻本，中国国家图书馆藏，第10册，第39页a。
⑦ （明）陈洪谟：正德《大明漳州府志》卷二八《兵政志·城池》，下册，第1721页。
⑧ （明）陈洪谟：正德《大明漳州府志》卷二八《兵政志·城池》，下册，第1722页。
⑨ （明）陈洪谟：正德《大明漳州府志》卷二八《兵政志·城池》，下册，第1722页。

福建镇海卫城是漳州府境内唯一卫城，"城下倾陡，以海为壕"①，非常险要。福建镇海卫指挥使司，"在卫所中。洪武二十年，江夏侯周德兴奉旨创设时指挥佥事李实仅草创三间署事。正统间，指挥同知桂福始辟地营建卫堂，东西各建一厅两房，为上司按临寝息之所。又买地以易卫前军营，创建谯楼，左右各建一厅两房，为使客栖息之所"②，又"经历司（在卫治之东）、镇抚厅（在卫治之西）、左千户所、右千户所、前千户所（上二所俱在卫堂之西。以上六公署，俱正统间桂福创建）"③，始建于洪武二十年（1387年）的镇海卫指挥使司直到正统十三年（1448年），经桂福大力拓建，"其制始备"④。"镇海卫城隍庙，在本卫后近西，正统十三年指挥同知桂福建"⑤，"镇海卫旗纛庙，在卫后西，正统十三年指挥同知桂福建"⑥。这两座庙均由桂福草创，有利于提振士气。桂福重视军事建设，为文教发展创造了安定环境，使陈真晟得以专心学业。

（2）举荐陈真晟赴试

陈璂《布衣陈先生行实》云：陈真晟"年三十五，卫辟赴科"⑦。此"卫"指福建镇海卫。陈真晟生于"永乐庚寅"即永乐八年（1410年）。⑧周瑛称"乃入长泰，治举子业。业成，荐于有司，至福州"⑨。陈真晟在正统九年（1444年）获推荐前往福州参加福建乡试。"长泰"指漳州府长泰县，陈真晟师从唐泰。桂福对唐泰有所知，在陈真晟学成后推荐其赴试。

---

① （明）陈洪谟：正德《大明漳州府志》卷二八《兵政志·城池》，下册，第1722页。
② （明）黄仲昭：《八闽通志》卷四二《公署·郡县·漳州府·武职公署》，上册，第881页。
③ （明）黄仲昭：《八闽通志》卷四二《公署·郡县·漳州府·武职公署》，上册，第881页。
④ （明）陈洪谟：正德《大明漳州府志》卷三二《廨署志·廨署》，下册，第1954页。
⑤ （明）陈洪谟：正德《大明漳州府志》卷一一《风俗志·城隍》，上册，第663页。
⑥ （明）陈洪谟：正德《大明漳州府志》卷一一《风俗志·旗纛庙》，上册，第663～664页。
⑦ （明）陈真晟：《布衣陈先生存稿》卷八《附录：言行录、行实、赞、传》，第93页a。
⑧ （明）陈璂：《布衣陈先生行实》，载（明）陈真晟《布衣陈先生存稿》卷八《附录：言行录、行实、赞、传》，第94页b。
⑨ （明）陈洪谟：正德《大明漳州府志》卷二六《人物传·国朝人物·陈真晟》，下册，第1613页。

万历元年《漳州府志》载："镇海卫儒学，在卫治之前。卫初无学，正统间礼部勘合，令诸生附于儒学，诸生以僻远不愿，乞自设学延师，许之。郑普、周瑛、陈珠等相应登荐"①。此"诸生"包括陈真晟。

（3）关心陈真晟

陈瓉《布衣陈先生行实》载："（陈真晟）先生生于永乐庚寅，卒于成化癸巳，馆于玉洲。遭疾，桂都指挥使请归镇，以迁调不从，遂殡郭氏"②。"馆"指捐馆，即去世。"归镇"，按陈真晟门人郑普《布衣陈先生传》："（陈真晟）父安寓于泉，以圣朝索赋籍于镇，先生生于镇，始为镇人"③。"镇"指福建镇海卫。陈瓉一文提及"彭知府立石"，"彭知府"指漳州知府彭桓，其"弘治十四年三月来知"，其继任罗列"弘治十六年三月来知"④，彭桓在弘治十四年（1501 年）至弘治十六年（1503 年）在任，陈瓉此文作于此间。

然而，陈真晟高足周瑛有不同记载：

> 成化壬辰冬，予自广德州书满，入京师，忽有以布衣先生讣告者，与林司正雍谋相与为坛南野以祭之。⑤

周瑛在成化壬辰（1472 年）冬收到关于陈真晟的讣告，陈真晟似乎卒于是年。

周瑛在其所纂正德《大明漳州府志》又云：（陈真晟去世）"后十年，提学周孟中祭以文，郡守彭桓立石官道，傍以表之，题曰'大明阙下两上书请补正学泉南布衣陈先生墓'。又三十年，提学姚宪副镇表章先哲，郡

① （明）罗青霄：万历元年《漳州府志》卷三三《镇海卫·规制志·学校》，载《明代方志选》第 3 册，台湾学生书局，1965，第 699 页。
② （明）陈真晟：《布衣陈先生存稿》卷八《附录：言行录、行实、赞、传》，第 94 页 b ~ 95 页 a。
③ （明）陈真晟：《布衣陈先生存稿》卷八《附录：言行录、行实、赞、传》，第 95 页 b。
④ （明）陈洪谟：正德《大明漳州府志》卷四《吏官志中·漳州府》，上册，第 169 页。
⑤ （明）周瑛：《门人翠渠周瑛祭文》，载（明）陈真晟《布衣陈先生存稿》卷九《附录：祭文、哀词、诗》，第 98 页 a。

守陈洪谟谓：'先生漳产也'，乃上其事，始入乡贤祠"①。按"名宦、乡贤祠在府学中，名宦祠居左，乡贤祠居右。正德五年，陈守洪谟立"②，"府学"指漳州府儒学。"陈守洪谟"指漳州知府陈洪谟，其在正德五年（1510 年）将陈真晟供奉在漳州乡贤祠。

从周孟中祭文来看，"维成化十五年岁次己亥三月丁巳朔越十有九日乙亥"③，周孟中在成化十五年己亥（1479 年）祭祀陈真晟。由此逆推陈真晟卒年分别是成化五年（1469 年）、成化十六年（1480 年），显然有误。

陈真晟卒年应以陈瑄一文为是，即卒于成化癸巳（1473 年）。

"桂都指挥使"，按《明宪宗实录》记载"成化八年夏四月辛卯，福建都指挥金事桂福孙宗代祖原职镇海卫指挥同知"④，成化八年（1472 年）八月，桂福之孙桂宗承袭桂福原任职务福建镇海卫指挥同知。桂福其时正是正德《大明漳州府志》所载"及老致事"，"致事"应作"致仕"。陈瑄一文所云"都指挥使"应是泛称。

正德《大明漳州府志》记载：陈真晟"生于镇海，迁于龙岩，晚定居于漳州玉州"⑤，"其父安，隶本卫后千户"⑥，是福建镇海卫后千户所军户。嘉靖《龙岩县志》记载："成化七年始调镇海卫后千户所于此，九年改隶漳州"⑦。陈真晟在成化七年（1471 年）随福建镇海卫后千户所调防龙岩，成化九年（1473 年）改隶漳州卫。

桂福其时已返回福建镇海卫，得知陈真晟患病，申请将陈真晟从漳州

---

① （明）陈洪谟：正德《大明漳州府志》卷二六《人物传·国朝人物·陈真晟》，下册，第 1618 页。
② （明）陈洪谟：正德《大明漳州府志》卷一二《庙祀·名宦乡贤祠》，上册，第 697 页。
③ （明）周孟中：《福建金事周孟中祭文》，载（明）陈真晟《布衣陈先生存稿》卷九《附录·祭文、哀词、诗》，第 99 页 b。
④ 《明宪宗实录》卷一○七，"成化八年夏四月辛卯"条，载中研院历史语言研究所校勘《明实录》第 6 册，1962，第 2091～2092 页。
⑤ （明）陈洪谟：正德《大明漳州府志》卷二六《人物传·国朝人物·陈真晟》，下册，第 1617 页。
⑥ （明）陈洪谟：正德《大明漳州府志》卷二六《人物传·国朝人物·陈真晟》，下册，第 1613 页。
⑦ （明）汤相：嘉靖《龙岩县志》卷五《武备志·所署》，嘉靖三十七年（1558 年）刻本，中国国家图书馆藏，第 2 册，第 45 页 b。按，中国国家图书馆认为该志是"嘉靖（1522～1566 年）"刻本，并不具体。

卫改隶福建镇海卫，以便叶落归根，却未获批准。陈真晟虽改隶漳州卫，桂福却牵挂陈真晟，希望陈真晟能回到身边。

　　陈真晟"八岁失怙，十有二岁失恃，凡所养所教而底于有成者皆其伯氏之功德焉"①。永乐十五年（1417 年）陈真晟丧父，后由其伯父抚养成人，陈真晟的伯父是桂福的部属。陈真晟早年"南游金浦，北适泰、莆"②求学，福建镇海卫屯田有"漳浦县三十七所、长泰县九所"③，士兵"皆莆人戍守"④。"金浦"指漳浦县，"泰"指长泰县，"莆"指莆田县。陈真晟在福建镇海卫屯田区域求学。桂福是陈真晟的父母官，又是陈真晟的伯乐，使陈真晟的理想得以实现。

　　3. 与陈真晟渊源鲜为人知的原因

　　《明英宗实录》记载：

　　　　景泰四年夏四月戊申，升福建镇海卫指挥同知桂福为都指挥佥事，以沙县等处杀贼功也。⑤

　　"沙县"暗指邓茂七起义，桂福因平定邓茂七起义升任福建都指挥佥事。正德《大明漳州府志》避谈桂福与明代宗的关系，仅提及桂福平定邓茂七起义。

　　不久，桂福出事：

　　　　景泰七年春正月丁亥，福建都指挥佥事桂福率兵入海捕贼，因渔猎于潮州之南澳，猝遇暴风，士卒溺死者百七十余人，为巡抚御史倪

---

① （明）陈瓃：《布衣陈先生行实》，载（明）陈真晟《布衣陈先生存稿》卷八《附录：言行录、行实、赞、传》，第 90 页 a。

② （明）陈瓃：《布衣陈先生行实》，载（明）陈真晟《布衣陈先生存稿》卷九《附录：祭文、哀词、诗》，第 93 页 a。

③ （明）罗青霄：万历元年《漳州府志》卷三三《镇海卫·兵防志·屯田》，第 710 页。

④ （明）陈洪谟：正德《大明漳州府志》卷二八《兵政志·武臣事考》，下册，第 1733 页。

⑤ 《明英宗实录》卷二二八《废帝戍戾王附录第四十六》，"景泰四年夏四月戊申"条，载中研院历史语言研究所校勘《明实录》第 5 册，1962，第 4992 页。

敬所劾，坐斩。诏宥死，降为事官，发沿海立功。①

桂福在景泰七年（1456 年）正月率兵入海捕"贼"，突遇暴风，导致部属溺死 170 余人，而遭到巡抚御史倪敬的弹劾，坐律当斩。明代宗下诏免其死罪，仅将其降职，调任沿海戴罪立功。

按"天顺二年八月丁巳，命福建镇海卫带俸都指挥佥事桂福于本都司带俸"②。桂福回到福建镇海卫仍任带俸都指挥佥事。明代宗对桂福有救命之恩，使之重生，桂福也由此遭到明英宗的清算。"本都司"指福建行都指挥使司。天顺二年（1458 年）桂福被调离福建镇海卫。

随后，桂福屡遭惩处：

> 天顺三年九月壬午，巡按福建监察御史唐彬劾奏把总备倭都指挥佥事桂福不严备御，以致倭寇虏掠官船，佥事牟俸亦劾福掊克军士，都察院请逮治福，上命福具状以闻，福输罪，宥之。③

所谓"不严备御"，实则是明代中期卫所的通病，从桂福任职福建镇海卫作为来看，又与桂福其时无实权有关。卫所将领克扣军饷也是普遍现象，如果桂福确实克扣军饷又何以获得福建镇海卫军户为之勒石立碑呢？唐彬在景泰五年（1454 年）中进士，④ 他劾奏桂福"不严备御"应源自其向复辟的明英宗表示忠心。

紧接着：

> 天顺五年二月辛巳，巡按福建监察御史刘釪奏：都指挥佥事仲荣总督备倭受官军贿赂，都督佥事桂福卖放军人办纳月钱俱宜鞫罪，

---

① 《明英宗实录》卷二六二《废帝郕戾王附录第八十》，"景泰七年春正月丁亥"条，第 5599 页。
② 《明英宗实录》卷二九四，"天顺二年八月丁巳"条，第 6271 页。
③ 《明英宗实录》卷三〇七，"天顺三年九月壬午"条，第 6461~6462 页。
④ 《明景泰五年进士题名碑录（甲戌科）》，载《明清历科进士题名录》第 1 册，第 249 页。

从之。①

刘釪是"江西吉安府安福县民籍"②，与唐彬同科进士，因此也向桂福
发难。

桂福晚年又被远调广东：

> 天顺七年夏四月丙子，调浙江都司带俸都指挥同知裘忠、都指挥
> 佥事徐宁、福建都司带俸都指挥佥事姜铭、桂福俱于广东都司任事。③

最终，桂福在明宪宗继位后遭到逮捕：

> 成化元年秋七月戊申，广东都指挥桂福守备连州，千户管贤敛所
> 部银二百七十两馈之，福阳未受，而驭众益苛急。旗军谭道坚率众逃
> 避州城西山坡，书黄旗为激变事，令其党具状诉之。巡按御史涂棐差
> 人抚治之，而劾奏福等罪，命逮，问福如律。④

桂福此前在福建镇海卫任上大兴土木，却无经济问题，岂会在接连遭
到边缘化处理后仍不警醒，为蝇头小利而晚节不保？实则与明宪宗处理明
英宗遗留问题有关。

4. 深受李东阳以讹传讹的影响

弘治《汀州府志》收录李东阳《重建褒忠祠记》：

> 褒忠祠者，祀监察御史伍公骥及都指挥丁侯泉也。初天顺壬午，
> 上杭贼首李宗政攻破县治，放兵四劫，官军莫能御。癸未，公奉命按

---

① 《明英宗实录》卷三二五，"天顺五年二月辛巳"条，第6715页。按，"都督佥事"，原文如此，应作"都指挥佥事"。
② 《明景泰五年进士题名碑录（甲戌科）》，载《明清历科进士题名碑录》第1册，第244页。
③ 《明英宗实录》卷三五一，"天顺七年夏四月丙子"条，第7053页。
④ 《明宪宗实录》卷一九，"成化元年秋七月戊申"条，第378～379页。

福建道，闻事急，径驰至汀州，檄三司引兵会，众犹豫未决，公肩舆
携数老兵赴上杭，见县狱系贼妇女，曰："此何罪？"，悉纵遣之。闻有
一教官致仕家居，屏徒从单骑造其庐，询贼情状，令召亲戚听告谕明日
至者十数人，公面谕以祸福，莫不感泣。语闻贼降者，前后万余人。公
命复旧业。其魁亦欲乞降，会有谋给贼降而诛之者，公固不听，而贼怀
疑惑，遂拥众不下。公躬督将士逼贼巢以营，贼悉力来拒，都指挥桂福
欲避其锋，公拔剑诃之。福跪谢愿尽死。于是战甚力。贼稍引却。①

　　伍骥是"江西吉安府安福县民籍"②，康熙《安福县志》称"（景泰）
五年甲戌科"进士有："刘釪，翰林庶吉士、按察使"、"伍骥，御史"③，
其与刘釪是同乡同一户籍出身的同年进士，在天顺壬午（1462 年）顺势为
难桂福。

　　按"公之子今为福建按察佥事，分巡兹地，每至必拜于祠而后行
事"④，又"公子希闵归葬于家"⑤，此"公"即伍骥，其子伍希闵。万历
元年《漳州府志》记载漳南道"专管汀、漳二府整饬兵备兼分巡地方，在
上杭县驻扎"⑥，"兹地"应指汀州府上杭县。伍希闵"成化二十三年任"，
其继任周鹏"弘治六年任"⑦，李东阳该文提及"弘治己酉"⑧，即弘治二

---

① （明）吴文度、杜观光：弘治《汀州府志》卷一七《词翰·记·宁化县》，弘治（1488 ~
　　1505 年）刻本，中国国家图书馆藏，第 3 册，第 64 页 b ~ 65 页 a。按，弘治《汀州府志》
　　将李东阳《重建褒忠祠记》记载在"宁化县"名下，从褒忠祠位于上杭县来看，实则有
　　误，应据此改为"卷一七《词翰·记·上杭县》"。
② 《明景泰五年进士题名碑录（甲戌科）》，载《明清历科进士题名碑录》第 1 册，第 257 页。
③ （清）黄宽、刘学愉：康熙《安福县志》卷二《选举志·进士》，康熙五十二年（1713
　　年）刻本，中国国家图书馆藏，第 58 页 b。
④ （明）吴文度、杜观光：弘治《汀州府志》卷一七《词翰·记·宁化县》，第 3 册，第 65
　　页 b。
⑤ （明）吴文度、杜观光：弘治《汀州府志》卷一七《词翰·记·宁化县》，第 3 册，第 66
　　页 a。
⑥ （明）罗青霄：万历元年《漳州府志》卷三《漳州府·秩官志上·监司·漳南道建置·
　　历官》，第 64 页。
⑦ （明）罗青霄：万历元年《漳州府志》卷三《漳州府·秩官志上·监司·漳南道建置·
　　历官》，第 64 页。
⑧ （明）吴文度、杜观光：弘治《汀州府志》卷一七《词翰·记·宁化县》，第 3 册，第 65
　　页 b。

年（1489 年），应作于此时，显然为首任漳南道伍希闵发声。桂福确实是
贪生怕死之徒吗？

康熙《上杭县志》始载刘戬《增修褒忠祠记》：

> 天顺壬午，上杭溪南里贼首李宗政愤嫉邑之富豪侵夺，有司弗
> 禁，遂乌合群丑攻破县治，大肆剽掠。监军暨都、布、按三司以兵驻
> 汀州，闻贼势张甚，不敢进。日椎金鼓，耀士卒，扬虚声。民益骇
> 散，贼愈猖獗，据岩险，诱流亡，时出侵犯，傍县官兵莫能御，退而
> 自保。癸未，监察御史安成伍公骥奉命按治于闽，次建宁。闻之，即
> 驰赴汀，檄三司引兵，会议方略。众殊无固志，公因询上杭来者，皆
> 言道梗不可往。公曰："即梗，汝辈安得立来。"升肩舆，携数老兵抵
> 上杭，询贼巢穴。闻一致仕教官家居，乃屏徒从单骑造焉。教官惊愕
> 出迎，备言家属被贼驱迫状。公令召亲戚听告谕。贼见公无他，明日
> 下寨来者十数人。公谕以祸福，莫不感泣。语闻贼中，降者万余人。
> 立命复旧业。其魁亦欲乞降，会有谋给贼降而诛之者，公固不听，而
> 贼怀疑惑，遂拥众不下。公躬督将士逼贼巢以营，贼悉力来拒，都指
> 挥桂福欲避其锋，公拔剑拟福。福跪谢曰："请用命。"于是战甚力，
> 贼稍引却。[1]

刘戬此文源于"丁未，汀推官涂琳来掌是邑，执笾豆于庙，顾瞻感
叹，病其隘陋，复新而大之。于是朝廷褒崇之典，齐民怀思之诚，乃大称
焉。琳以书来请记"[2]。"丁未"指成化丁未（1487 年），刘戬于此年写就
该文，被李东阳用作参考。

刘戬是"江西吉安府安福县民籍"[3]，康熙《安福县志》记载"（成

① （清）蒋廷铨：康熙《上杭县志》卷一〇《艺文志（艺文上）·古文·明》，康熙二十六
　　年（1687 年）刻本，中国国家图书馆藏，第 68 页 b－69 页 a。
② （清）蒋廷铨：康熙《上杭县志》卷一〇《艺文志（艺文上）·古文·明》，第 69 页 b。
③ 《明成化十一年进士题名碑录（乙未科）》，载《明清历科进士题名碑录》第 1 册，第
　　349 页。

化）十一年乙未谢迁榜"进士有"刘戬"、"伍希闵（佥事）"①，刘戬与伍希闵是同乡同一户籍出身的同科进士。桂福既可平定影响更大的邓茂七起义，却碍于手无实权，无法施展抱负，又受到陈真晟移风易俗思想的影响，实则主张教化。刘戬深谙桂福遭遇，将责任推到桂福身上。李东阳是"金吾左卫军籍"②，其会试座师彭时是正统十三年（1448 年）"安福县民籍"③ 状元。李东阳以讹传讹，导致桂福形象受损，桂福与陈真晟的渊源也被掩盖。

（二）陈真晟移风易俗的重要推手——张氏

1. 推动移风易俗

正德《大明漳州府志》记载：

> 张氏，镇海卫桂蕃妻，本卫指挥张昱女也。蕃，都指挥福应袭子，为父奏事，自京回，至延平府卒。张时年二十二，子宗方在乳，哭泣嗥哭，人不忍闻。孀居以来，坐卧一小房，人罕见其面，华彩之服不施于体，丝竹之音不入于耳。宗少长，遣从布衣陈先生读书习礼。既袭职，不幸坐事，发充廉州卫军。张每夜为子稽颡北辰百十拜不止，年五十八终。卫人谓女流中张氏其君子欤。④

"本卫"指福建镇海卫。"宗"即桂宗。"布衣陈先生"指陈真晟。张氏是桂福之子桂蕃之妻，其父是福建镇海卫指挥张文。

张氏青年守寡，恪守妇道，是贤妻良母的典范。陈真晟"慨海滨鄙无

---

① （清）黄宽、刘学愉：康熙《安福县志》卷二《选举志·进士》，第 59 页 a。
② 《明天顺八年进士题名碑录（甲申科）》，载《明清历科进士题名碑录》第 1 册，第 287 页。
③ 《明正统十三年进士题名碑录（戊辰科）》，载《明清历科进士题名碑录》第 1 册，第 223 页。
④ （明）陈洪谟：正德《大明漳州府志》卷二七《列女传·国朝人物·镇海卫·桂蕃妻张氏》，下册，第 1697～1698 页。按，该志原作"张昱"，有误，应作"张文"，详见文中"张文"一节考证。

礼俗，始倡朱子冠婚丧祭之仪"①，此"海滨"指地处沿海的福建镇海卫，原本不知礼，陈真晟倡导朱子礼仪学说。陈真晟之嫂寡居，陈真晟"竭力殡葬，保全嫂节，恤二侄如己子弟"②，其"姊氏寡居，有子三人，保之恤之无失"③，视其侄、外甥为己出，减轻其嫂、姐经济负担，使之得以守节。张氏与陈真晟理念相契。

其时，福建镇海卫"盖世俗有乘服完亲之礼，虽名家世族亦有行之，谓之借服。适有庶母之丧，众议行之，先生固执不可，或诘其意，曰：'吾不能说，但知其必不可也。'长者责其任恣，乃相率数人强执其手，意欲劫之"④。陈真晟早年欲坚持礼法，遭到长辈强烈反对。张氏出身将门，在世家大族中起到良好的示范作用，是陈真晟在移风易俗方面的重要推手。

2. 安排其子师从陈真晟

张氏抚育幼子桂宗成年后，安排其师从陈真晟，专门学习礼仪。这有利于提高陈真晟威望，为陈真晟讲学营造了良好的氛围。张氏是福建镇海卫成为"海滨邹鲁"之地的幕后英雄。桂宗坐事充军，张氏又尽显慈母风范，在卫所产生积极影响，促使周瑛为之立传。

（三）陈真晟随迁龙岩的长官朱忠

1. 扬州府高邮州人

正德《大明漳州府志》记载：

朱忠，守御正千户也。（其先扬州府高邮州人，祖张兴一从军，

---

① （明）陈瓛：《布衣陈先生行实》，载（明）陈真晟《布衣陈先生存稿》卷八《附录：言行录、行实、赞、传》，第 92 页 a。
② （明）陈瓛：《布衣陈先生行实》，载（明）陈真晟《布衣陈先生存稿》卷八《附录：言行录、行实、赞、传》，第 91 页 b。
③ （明）陈瓛：《布衣陈先生行实》，载（明）陈真晟《布衣陈先生存稿》卷八《附录：言行录、行实、赞、传》，第 91 页 b。
④ （明）陈瓛：《布衣陈先生行实》，载（明）陈真晟《布衣陈先生存稿》卷八《附录：言行录、行实、赞、传》，第 91 页 a～91 页 b。

卒。弟受继，卒。祖朱旺，以义子代役，洪武三十二年奉天征讨累升副千户，北征有功升正千户。宣德五年除镇海卫后所，老，子能继，卒。弟友继，卒。无子，旺庶男荣继。老，子忠继。成化七年调龙岩县守御，九年改隶漳州卫，五考军政掌印，历二十五年，忠卒。子瑜见告，送袭职。)①

朱忠故里是扬州府高邮州，其先人是军户。朱忠在宣德五年（1430年）调任福建镇海卫后所正千户，成化七年（1471年）调防龙岩县，成化九年（1473年）改隶漳州卫，担任龙岩守御千户所正千户。朱忠从陈真晟21岁起成为陈真晟的上司，直到陈真晟去世，两人相交长达44年。陈真晟正是随朱忠举家迁往龙岩。

2. 支持陈真晟讲学

嘉靖《漳平县志》记载"署学事布衣陈真晟"②，按"漳平县该管漳州卫屯田八所（在居仁里）"③，此"漳州卫"具体指漳州卫龙岩守御千户所。朱忠派兵屯田漳平县居仁里，漳平县居仁里是漳平县治所在，陈真晟在漳平讲学得到朱忠的支持。陈真晟定居龙溪县也获得朱忠的首肯。

3. 营造良好的环境

嘉靖《龙岩县志》记载：（朱忠）"继，调龙岩，掌所事二十五年，境赖以宁"④。朱忠是龙岩守御千户所首任正千户，到弘治八年（1495年），戍守龙岩25年，龙岩、漳平社会得以安定，陈真晟在成化七年（1471年）随迁龙岩守御千户所，到成化九年（1473年）去世，其时朱忠在任，为陈真晟讲学创造了良好的环境。

---

① （明）陈洪谟：正德《大明漳州府志》卷二八《兵政志·武臣事考·龙岩守御千百户考》，下册，第1771页。
② （明）曾汝檀：嘉靖《漳平县志》卷三《秩官》，载《天一阁藏明代方志选刊续编》第38册，上海书店，1990，第1018页。
③ （明）罗青霄：万历元年《漳州府志》卷二七《漳平县·赋役志·财赋·屯田》，第566页。
④ （明）汤相：嘉靖《龙岩县志》卷五《武备志·武职》，第2册，第46页 b～47页 a。

二　传播陈真晟学说（1473～1512年）

（一）陈真晟的重要门生桂宗

1. 陈真晟的重要门生

陈真晟的高足周瑛"其先莆人，父举，调戍镇海"①，其父周举是来自莆田的卫所军士。桂宗是桂福之孙，应袭指挥佥事。

周瑛在成化八年（1472年）冬"擢南京礼部郎中"②，桂宗在是年四月袭职福建镇海卫指挥佥事，成为陈真晟门生中首位官阶最高者。

2. 长期受到周瑛关注

正德《大明漳州府志》记载："桂宗，故指挥同知也。因出海捕贼，一军士落水死，问失机，发廉州卫充军，宗进本讼冤，未得办理"③。桂宗曾任福建镇海卫指挥同知，因出海捕"贼"，军士落水溺亡，被发配广东廉州卫充军。桂宗向皇帝申辩冤屈，未获办理。该志又云："今问充军未复"④。"今"指周瑛在"（正德）壬申岁五月赴漳"⑤曾询问桂宗的近况。

3. 师生关系湮没的原因

桂宗求学陈真晟的记载出自周瑛之手，桂宗与陈真晟之间的交往应有相关史料，但由于桂宗充军而被选择性失忆。桂宗上书申辩，可见确有冤情，陈真晟思想应经此传播到广东卫所。

---

① （明）罗青霄：万历元年《漳州府志》卷三三《镇海卫·人物志·乡贤·国朝乡贤传·周瑛》，第715页。
② （明）罗青霄：万历元年《漳州府志》卷三三《镇海卫·人物志·乡贤·国朝乡贤传·周瑛》，第715页。
③ （明）陈洪谟：正德《大明漳州府志》卷二九《兵政志·武臣事考·镇海卫指挥考》，下册，第1790～1791页。按，该志原文"辩"字作"辩"，从"办理"二字来看，其繁体字应作"辦"字，应据此改正。
④ （明）陈洪谟：正德《大明漳州府志》卷二九《兵政志·武臣事考·镇海卫指挥考》，下册，第1791页。
⑤ （明）周瑛：《漳州府志后序》，载（明）陈洪谟修正德《大明漳州府志》，下册，第2088页。

（二）陈真晟学派文化重地建设的推动者张文

1. 高邮卫军户

张文的名字有不同写法，《八闽通志》作"张文"①，正德《大明漳州府志》作"张文"②、"张昱"③，万历元年《漳州府志》作"张文"④、"张旻"⑤，应以较早刊行的《八闽通志》所载为是，即"张文"，其余写法均是笔误。

正德《大明漳州府志》记载：

> 张文，故指挥佥事也。坐事问发广东碣石卫军，未至配所卒。其子钺碍例未得承袭。（其先直隶宿迁县人，祖张兴儿洪武初以军功授燕山左护卫百户，升副千户，阵亡。子昇继，升指挥佥事，金吾左卫支俸，宣德八年调镇海卫，卒。子宁继，卒。子文继，坐事，充军。）⑥

张文曾任福建镇海卫指挥佥事，因事被发配广东碣石卫充军，未到戍所而卒，其子张钺未能承袭。

万历元年《漳州府志》称：

> 张钺（祖兴，宿迁人，洪武、永乐间任。子昇，累功升高邮卫指

---

① （明）黄仲昭：《八闽通志》卷四二《公署·郡县·漳州府·武职公署》，上册，第881页。

② （明）陈洪谟：正德《大明漳州府志》卷二九《兵政志·武臣事考·镇海卫指挥考》，下册，第1795～1796页。

③ （明）陈洪谟：正德《大明漳州府志》卷二七《列女传·国朝人物·镇海卫·桂蕃妻张氏》，下册，第1697页。

④ （明）石腆：《文庙碑记（节文）》，载（明）罗青霄修万历元年《漳州府志》卷三三《镇海卫·文翰志·记》，第720页。按，文中"挥使张君文"即福建镇海卫指挥佥事张文。

⑤ （明）罗青霄：万历元年《漳州府志》卷三三《镇海卫·镇海卫·人物志·列女·国朝列女传》，第718页。

⑥ （明）陈洪谟：正德《大明漳州府志》卷二九《兵政志·武臣事考·镇海卫指挥考》，下册，第1795～1796页。

挥佥事，宣德间调今卫。四传而至钺，故绝）……上俱指挥佥事。①

"张兴"即"张兴儿"。"今卫"指福建镇海卫。张文的祖父张昇累功升任高邮卫指挥佥事，在宣德八年（1433 年）调任福建镇海卫。张文与桂福联姻应与高邮卫地处扬州府有关。

2. 推动福建镇海卫学进程

石腆《文庙碑记（节文）》记载：

> 岁乙巳，挥使张君文表请建学立宫。檄下大巡刘公信，会藩臬案行，漳州知府刘公潮勘报相应立学一应事宜，合例平海卫学道宪副使邵公庄、丁公养浩改祠为庙，塑先圣四像，东建讲堂，佥宪张公、藩杜公某、余公实买舍菜田、添设号房，宪副陆公、龚公嵩相度附城牧马无征地，议年收税供祭，规模略备，而建学之由始著。②

"岁乙巳"指"成化乙巳岁"，即成化二十一年（1485 年）。"挥使张君文"即指挥佥事张文。申请建立福建镇海卫学、文庙，得到重视，为设立福建镇海卫学提供依据。

福建镇海卫学是陈真晟学派的文化重地。张文是陈真晟伯乐桂福的儿女亲家、推动陈真晟移风易俗的张氏之父、陈真晟重要门生桂宗的外祖父，具有继往开来的意义。张文坐事充军，其与陈真晟的渊源由此湮没。

3. 继桂福续修军事设施为陈真晟学派发展营造安定环境

福建镇海卫署在"成化十六年以后，指挥佥事张文复渐次修葺"③，

---

① （明）罗青霄：万历元年《漳州府志》卷三三《镇海卫·秩官志·历官·国朝官表》，第703 页。
② （明）罗青霄：万历元年《漳州府志》卷三三《镇海卫·文翰志·记》，第720 页。按，石腆《文庙碑记（节文）》一文与乾隆《镇海卫志》所载《重镌请建镇海卫圣庙儒学石碑记》碑铭内容相似，石腆所撰碑铭原题《请建镇海卫圣庙儒学石碑记》。详见（清）陆乾鸿撰乾隆《镇海卫志·学校志·学宫》，《中国方志丛书·华中地方·第493 号》，成文出版社，1983，第59~60 页。
③ （明）黄仲昭：《八闽通志》卷四二《公署·郡县·漳州府·武职公署》，上册，第881 页。

"成化间，张文重修"①，"陆鳌千户所，成化十四年，指挥金事张文重修一新"②。张文继桂福之后重修军事设施，在成化十四年（1418年）重修陆鳌千户所，成化十六年（1480年）重修福建镇海卫署，为陈真晟学派的发展提供了有力保障。

三 推动陈真晟学派成为地方文脉的组成部分（1523～1644年）

（一）建构陈真晟学派文化符号的徐麟

1. 扬州府江都县人

乾隆《镇海卫志》始载：

> 徐麟，江都人，祖兴，洪武间累功升金事，传至文，以成化间调本卫，麟有功，升同知，世袭。③

正德《大明漳州府志》载：

> 徐麒字国瑞，指挥金事也，弘治十八年袭先职到任。（其先直隶江都县人，祖兴从军以功授百户升调武昌左卫右所副千户，改武略中卫，洪武十七年升豹韬卫指挥金事，以战致疾，子常春替，以事调金齿守御，二十四年调楚雄卫守御，卒。弟预继，除直隶镇海卫，运粮遭风淹没，无嗣，卒。侄暹继，卒。子正，优给，卒。祖叔泰继，卒。子文继，以事谪镇海卫中所百户，卒。子恩仍袭指挥，以风疾无

① （明）黄仲昭：《八闽通志》卷四二《公署·郡县·漳州府·武职公署》，上册，第881页。
② （明）黄仲昭：《八闽通志》卷四二《公署·郡县·漳州府·武职公署》，上册，第881页。
③ （清）陆乾鸿：乾隆《镇海卫志·兵防志·卫官》，第89页。按，台湾成文出版社将该志作"浙江省《镇海卫志》"，有误，应据此改正为"福建省《镇海卫志》"，明代卫所名"镇海卫"有两处，分别位于南直隶、福建，前者由此误认为是南直隶的镇海卫。

嗣。弟忠继，卒。子麒继。）①

"直隶镇海卫"指南直隶镇海卫，"镇海卫中所"指福建镇海卫中所。万历元年《漳州府志》又云：

> 徐濂，祖兴，江都人，洪武间累功升豹韬卫指挥佥事，传及孙文降今卫中所百户，子恩仍袭指挥佥事，恩之侄麒，弘治间以功升今职，擢升福建都指挥佥事。濂，麒之子也，见今报效。②

徐麟是徐麒之弟，扬州府江都县人，祖父徐文在成化年间（1465～1487 年）由南直隶镇海卫谪戍福建镇海卫中所百户，徐麟在徐麒升任福建都指挥佥事后袭其原职福建镇海卫指挥佥事。

2. 推动福建镇海卫学设置学官

《镇海学创修堂庙新给廪粮造祭器竖泮宫碑》记载：

> 嘉靖癸未，生员李迁复缘卫指挥使徐君麟请咨斋咨议阙，仗学士费公宏之力题准铸印铨官。岁乙酉，掌教范君受命至，镇有官有学实始于此。③

"卫指挥使徐君麟"指徐麟。"费公宏"指费宏。"乙酉"指嘉靖乙酉（1525 年）。"掌教范君"指福建镇海卫儒学教授范瑛。④

福建镇海卫此前没有学官，经过徐麟在嘉靖癸未（1523 年）的努力，取得费宏的支持，得以设置学官，到嘉靖乙酉（1525 年）步入正轨。

---

① （明）陈洪谟：正德《大明漳州府志》卷二九《兵政志·武臣事考·镇海卫指挥考》，下册，第 1793～1794 页。
② （明）罗青霄：万历元年《漳州府志》卷三三《镇海卫·秩官志·历官·国朝官表》，第 701 页。
③ （清）陆乾鸿：乾隆《镇海卫志·兵防志·卫官·卫所职员·指挥同知》，第 89 页。
④ （明）罗青霄：万历元年《漳州府志》卷三三《镇海卫·秩官志·历官·国朝官表》，第 705 页。

3. 兴建福建镇海卫乡贤祠

乾隆《镇海卫志》记载：

> 镇海乡祠：浦志云在镇海学内，为屋三间。明嘉靖间兵备佥事谢汝仪命指挥使徐麟度隙地为祠，祀陈真晟、周瑛。①

"乡祠"即乡贤祠。"浦志"指《漳浦县志》。徐麟奉命兴建福建镇海卫乡贤祠，祭祀陈真晟、周瑛，建构陈真晟学派文化符号。

万历元年《漳州府志》载"乡贤祠，在文公祠东，嘉靖四年建，祀布衣陈真晟、布政周瑛"②，谢汝仪"嘉靖七年任"漳南道，③ "嘉靖九年任"巡海道，④ 乡贤祠并非建于"嘉靖四年"，徐麟负责建祠却是可信的。

（二）践行陈真晟学说的徐麟之孙

《重镌请建镇海卫圣庙儒学石碑记》称：

> 原碑建于嘉靖丁亥岁，圮于万历庚寅岁之飓风，越今崇祯十五年壬午冬，徐麟孙卫庠生徐士俊、徐启基世及孙徐朝录袭官，搜卫乘所载卫进士石公腆原撰碑文，请于本学教授温陵许公宣谟、训导海南翁公调鼐，捐家庙公积银买石再刻，只字无讹，竖志不忘，时闰十一月甲寅日也。⑤

---

① （清）陆乾鸿：乾隆《镇海卫志·祀典志·祠祀》，第70页。
② （明）罗青霄：万历元年《漳州府志》卷三三《镇海卫·规制志·坛庙》，第699页。
③ （明）罗青霄：万历元年《漳州府志》卷三《漳州府·秩官志上·监司·漳南道建置·历官》，第64页。
④ （明）罗青霄：万历元年《漳州府志》卷三《漳州府·秩官志上·监司·巡海道建置·历官》，第65页。
⑤ （清）陆乾鸿：乾隆《镇海卫志·学校志·学宫》，第59~60页。按，该志记载："此碑在圣庙内左侧，康熙末年因飓风覆折，余于乾隆十三年欲集是稿，方命工掀正细心摹录附以参考"。可知目前所见碑铭仍是徐麟之孙重镌原碑，康熙末年遭飓风折毁，乾隆十三年（1748年）重修《镇海卫志》时根据拓片抄录。

"丙戌"指嘉靖丙戌（1526 年），"丁亥"指嘉靖丁亥（1527 年），"卫庠生"指福建镇海卫儒学生员。"袭官"指承袭徐麟所任指挥同知。"卫乘"指《镇海卫志》。"卫进士石公腆"指福建镇海卫进士石腆。①"本学"指福建镇海卫儒学。"闰十一月甲寅日"指崇祯十五年闰十一月甲寅日（1643 年 1 月 8 日）。徐麟孙辈已入泮卫学，以卫学生员、指挥同知为首，针对福建镇海卫学碑铭倾圮，捐献徐氏家庙族产购置石材，提供《镇海卫志》，延请镇海卫儒学教授、训导核对原碑，重新镌刻。

陈真晟"作神龛四座，以奉四代祖考"②。徐麟宗族在福建镇海卫建有家庙，由于家庙为品官所建，比陈真晟所建祠堂规格更高，通过家庙"众尝"践行陈真晟学说。

（三）传承家学渊源的桂中兴、桂祗

万历元年《漳州府志》记载"福崇重斯文，众为立碑道左，陈真晟题曰'斯文遗爱'"③，重提桂福曾获陈真晟题词。然而，却在桂蕃之妻张氏传中说"及宗成长，教以读书"④，并宣称此说出自"《正德志》"⑤，即正德《大明漳州府志》。

正德《大明漳州府志》原文并非如此。实则万历元年《漳州府志》认为桂宗坐事充军，如果提及其与陈真晟的渊源将有损陈真晟形象，由此进行删改。为突出言之有据而声称引自正德《大明漳州府志》，这反映了桂宗确是陈真晟的重要门生。

① （明）罗青霄：万历元年《漳州府志》卷三三《镇海卫·人物志·选举·科目·国朝科目表》，第 712 页。
② （明）陈真晟：《布衣陈先生存稿》卷八《附录：言行录、行实、赞、传》，第 93 页 a。
③ （明）罗青霄：万历元年《漳州府志》卷三三《镇海卫·秩官志·历官·国朝官表》，第 700 页。
④ （明）罗青霄：万历元年《漳州府志》卷三三《镇海卫·镇海卫·人物志·列女·国朝列女传》，第 718 页。
⑤ （明）罗青霄：万历元年《漳州府志》卷三三《镇海卫·镇海卫·人物志·列女·国朝列女传》，第 718 页。

其时，福建镇海卫指挥桂中兴是"福之孙，今年老，子祗承见袭"①。桂中兴是桂福之孙，其子桂祗袭职，见证了万历元年（1573 年）这一改写历史事件在被迫失忆的背后，却更加关注这一家学渊源。

四　结语

综上所述，得出以下三点结论。

第一，福建镇海卫名将桂福、朱忠、徐麟、张文通过扬州故里形成淮扬文化圈，相互砥砺，促进了陈真晟学派的发展。在重视卫所军事建设的同时，为陈真晟学派的发展提供了有力的保障。由于身居高层，他们认识到建构陈真晟学派文化符号的重要性，推动了军户文化、闽南文化、朱子文化的交融。

第二，桂福、朱忠、徐麟、张文的先祖均是行伍出身，促使其重视文教应源于淮扬文化的熏陶，又与卫所军户的社会地位较低有关。

第三，新时期可围绕原籍扬州的明代卫所军户，还原文本的书写过程，揭示区域社会历史文化变迁，探索其应有的历史地位。

---

① （明）罗青霄：万历元年《漳州府志》卷三三《镇海卫·秩官志·历官·国朝官表》，第700 页。

新见阮元《揅经室集》集外佚文辑释

方　亮[*]

　　摘　要： 阮元为清代嘉庆道光年间学术巨擘，其所作文未入《揅经室集》者甚富。当代学者已做大量辑补工作，今于诸家之外，新见阮氏集外佚文四篇，对其中人、事略加考释。这些佚文对于研究阮元交游、思想及地方文化等具有相当的参考价值。

　　关键词： 阮元　《揅经室集》　鲜于枢

　　阮元（1764—1849），字伯元，号云台，江苏仪征人，为嘉庆道光年间学术巨擘。阮元著述丰富，刻自著诗文集曰《揅经室集》。然其所为文未入本集者甚多，台湾学者陈鸿森采摭群籍，对《揅经室集》做了大量辑补工作，其他学者亦有贡献，嘉惠学林。今翻检清人书画录、别集及地方志书，得阮元书画跋文、碑记四篇，对照《揅经室集》及学者已辑补文，确认它们是新见阮氏集外佚文。爰加录出、标点，并略做考释。

一　元鲜于太常行书真迹卷跋

　　鲜于伯机此卷，实为扬州宝翰，梁茝林中丞宝藏。元曾见过石刻本，访之不再见。今扬州休园重葺，元欲借钩刻，中丞肯借，而觅钩者无好手，惧损坏之，未果。留观日久，只好缴还。丙午秋日，扬州

---

　　* 方亮（1980—），江苏泗阳人，扬州市历史文化名城研究院助理研究员，主要从事扬州历史文化研究。

阮元识。①

按：此跋辑自《梦园书画录》卷五。鲜于太常，指鲜于枢（1246—1302），字伯机，晚年曾任太常典簿，元代著名书法家。此行书真迹卷为梁章钜旧藏，梁氏《退庵所藏金石书画跋尾》著录名为"鲜于伯机自书扬州诗卷"。扬州诗，指鲜于枢《扬州五言四十韵》。卷后高邮刘天爵跋："考扬州诗，鲜于集中不载，然有关地志采择，非他书可比，况其笔法沉着痛快如此哉！"② 此诗凡八十句四百言，盛赞扬州唐时繁盛，痛惜宋元兵燹之后扬州的衰败，在吟咏扬州的诗篇中实属鸿篇巨制，加之书法"雄健纵逸"③，洵为珍品。梁茝林中丞，指梁章钜（1775—1849），字茝林，福建长乐（今属福州市）人，曾任广西巡抚、江苏巡抚。丙午，指道光二十六年（1846年）。此年五月至次年四月，梁章钜在扬州小住。其间，梁以鲜于枢扬州诗卷呈其师阮元。阮元鉴赏后认为"此元末诗翰一大观，且有关邗江故实，亟应钩摹上石，藏之扬州"④。按此跋，阮元原欲将鲜于枢扬州诗卷钩刻置于休园，后刻石未果。不久，阮元得黄奭之助，得以刻成，置于邗上农桑别业亭壁。梁章钜记载："适黄右原比部亦欣然为市石察书，选工镌勒。……师有别业在邗上农桑，今即将此石陷于亭壁，使远近观者皆可椎拓，亦公诸同好之盛心云尔。"⑤ 道光二十七年（1847年）春，梁章钜《邹公眉童石塘招同逢儿恭儿泛舟湖上作竟日之饯二十叠前韵谢之》诗有句"墨缘珍旧迹"，其下注云："过邗上农桑，观云台师所勒鲜于伯机

---

① 方濬颐：《梦园书画录》卷五，续修四库全书，第 1086 册，上海古籍出版社，2002，第 387 页。
② 方濬颐：《梦园书画录》卷五，续修四库全书，第 1086 册，上海古籍出版社，2002，第 387 页。
③ 方濬颐：《梦园书画录》卷五，续修四库全书，第 1086 册，上海古籍出版社，2002，第 386 页。
④ 梁章钜：《浪迹丛谈续谈三谈》卷九《鲜于伯机诗刻》，上海古籍出版社，2012，第 113 页。
⑤ 梁章钜：《浪迹丛谈续谈三谈》卷九《鲜于伯机诗刻》，上海古籍出版社，2012，第 113～114 页。

诗石。"① 即指此事。另据今存《扬州五言四十韵》刻石拓片阮元跋②，刻竣日当在道光二十六年（1846 年）冬。黄奭，字右原，扬州甘泉（今属扬州市）人，辑佚家。曾以所学质于阮元，元称其勤博。黄奭在鲜于枢扬州诗卷上亦有题跋，其中有语："尝谓《元史》不为太常立传、《扬州府志》不采四十韵为憾事，……茝林夫子出所家藏鲜于此卷墨迹寿诸石，而奭亦得缀名于末……"③ 后钤"黄奭之印"。阮元跋后钤"颐性延龄""太傅"两印。最后要指出的是，方濬颐主持编纂的《（同治）续纂扬州府志》卷二三《艺文下》备录鲜于枢《扬州五言四十韵》并阮元跋，而同卷《金石》未录鲜于枢扬州诗刻石，则《（同治）续纂扬州府志》所录诗并跋，当本自《梦园书画录》，刻石或已毁于咸丰兵燹。

二　顾瑟如画乔石林侍读纵棹园图长卷题额、跋语

乔石林前辈纵棹园图乃兴化顾符稹所画，与渔洋同时，今存宝应刘佩卿瑢处，佩卿嘱题卷首四字。

昔年耳熟乔氏纵棹园图，元今于北湖用苍江虹大红船入湖，其纵棹之趣，见于《再续集》诗中，烟波廿里，双辘双蓬，披水折墙而行，有"风雨盘旋随气转，烟波空阔比江宽"之句。颐性老人识。乙巳处暑日。④

---

① 梁章钜：《浪迹丛谈续谈三谈》卷一一，上海古籍出版社，2012，第 145 页。
② 参见李保华、武力《阮元关于元代鲜于伯机〈扬州四十韵〉刻石说明拓片》，《扬州晚报》2010 年 7 月 29 日。按：此阮元跋亦为阮氏集外文。然李保华、武力一文对阮元跋标点、断句均有误。今据该文所附图片，重新整理录出：鲜于伯机《扬州四十韵》，乃梁茝林中丞所藏名迹。元见之，叹为元末诗翰大观，理应刻石存扬州。中丞慨然发出，方谋伤勒，黄又原比部亟请□□事，凡三月工成，共思位于□之处，元思邗上农桑前亭可置之，西乡抽揭最便，人人皆可得之，共以为可。时道光二十六年腊日，阮元识。
③ 方濬颐：《梦园书画录》，续修四库全书，第 1086 册，上海古籍出版社，2002，第 387 页。
④ 方濬颐：《梦园书画录》，续修四库全书，第 1086 册，上海古籍出版社，2002，第 707 ~ 708 页。

按：题额、跋语辑自《梦园书画录》卷二一。顾瑟如（1634—1715年尚在世），名符积，兴化人。能诗，善书画。乔石林（1642—1694），名莱，宝应人，官侍读。后归乡，治废圃，名纵棹园。渔洋，即王士禛（1634—1711），清初杰出的诗人、文学家。顾符积曾经专门应王士禛延请，替他创作过一批不同样式、风格的栈道图。乔莱少从王士禛游。刘瑢，字佩卿，宝应人，《（民国）宝应县志》有传。顾符积为乔莱绘纵棹园图，后图归刘瑢。阮元因刘瑢之请，为题"纵棹园图"四字，旁钤"南万柳堂"印。"佩卿嘱题卷首四字"后钤"阮元伯元父印"。红船，指旧时长江一带的救生船。阮元先后造红船多只，其中一只即名"沧（苍）江虹"。跋中"风雨盘旋随气转，烟波空阔比江宽"句出自《小暑后乘宗舫入湖遇风雨宿万柳堂》，载《揅经室再续集》卷五。乙巳，指道光二十五年（1845年）。跋前钤"颐性延龄"，跋后则钤有"湖光山色阮公楼""癸卯年政八十""爱吾草庐"三方印。

三　扬州南来观音禅寺碑记

观音堂，旧为南来观音禅寺，前明新城未造以前所建。乾隆间，江方伯春因南巡驻跸康山，设欲因寺拈香，遂改为观音堂。元因梦兆寻得旧扁，仍易之，以复其旧，庶与康熙前北来寺相对。方伯为元舅祖也。时道光丁未佛腊日，太傅阮元记。[①]

按：此记辑自齐学裘撰《劫余诗选》卷一三。齐学裘（1803—1882年在世），字子贞，号玉谿，晚号老颠，安徽婺源（今属江西）人，工诗，曾寓居扬州。齐氏写有一首长诗，吟咏扬州南来观音禅寺，寄托盛衰之感。此诗无题，但诗前有序，序中说，同治十二年（1873年）四月初四日，他与友人游南来观音禅寺，于乱石中搜出阮元手书碑记。幸运的是，

---

① 齐学裘：《劫余诗选》卷一四，续修四库全书，第1531册，上海古籍出版社，1997，第487页。

齐学裘录下了碑记文字。记文写于道光丁未佛腊日，即道光二十七年
（1847 年）七月十五日。关于南来观音禅寺，《（民国）江都县续志》载：
"府志云在小东门外旧城，南宋景德中建。旧江都志云南来观音禅寺在通
济门内西南隅，里人名其地为观音堂。案观音堂在南河下，谓即南来寺，
俟考。"① 南来观音寺与观音堂究竟什么关系，地方志编写者搞不清楚。阮
元碑记虽寥寥数语，论南来观音禅寺源自甚悉，可补地方志书之阙。原
来，南河下观音堂即南来寺，建于明代扬州新城未筑前。乾隆皇帝南巡驻
跸康山时，江春改寺为堂焉。道光年间，阮元因梦寻得旧匮，易堂为寺，
还旧观。

四　修泰州考棚记

　　士大夫将为根本之计，则必力挽其习俗之陋，而后人文可得而兴
焉。扬之俗相尚以华，宫室、园林之盛甲江省，其土性然也；而于考
棚独陋，岂其不能计及此欤？抑亦无有志之士欤？与贤大夫以振起
之，遂亦习而安之也。考棚故在泰州，堂室、墙垣、桌凳之属略备，
顾久不治，日益陋，东西文场尤甚，应试者虞之。会道光十二年学院
廖公莅是郡，郡廪生王光云、仪征廪生张安保等以重修请，且以廪粮
助捐。学宪首捐廉为之倡，自扬州府及各州县，以至府属绅士，捐而
和者相接也，得银若干两，□殷实谙练、品洁才优者董其事。东西文
场堂室、墙垣、桌凳之缺者补之，蔽者易之，器用之不齐者增之，不
中度者改造之。工兴于道光十四年四月，至本年九月而竣，银两支销
外，余钱七百贯，存于商，权子母，为岁科试建防雨公舍并添修公
费，计至周矣。夫人文之盛衰，视乎人意向之所在。务本者，以培养
人才为事，则文风应之，况此棚之下，吾辈谁不笔携筐出乎此？今学
院以维持根本为吏民倡，诸生乐事劝功，终始不倦，以迄于成，所谓

---

① 钱祥保、桂邦杰等：《（民国）江都县续志》卷一二《寺观考》，载《中国地方志集
成·江苏府县志辑》第 67 册，江苏古籍出版社，1991，第 554 页。

贤大夫作于上，有志之士应于下，岂不幸哉！余以官于外，不能预乡事，喜乡之人士有志于根本，而又得贤士大夫之导引。工竣，舍弟亨书寄滇南，属为之记。①

　　按：此记辑自《（民国）续纂泰州志》卷三三《艺文下》。清康熙至光绪间，扬州府属州县学子考生员（秀才）的考场设在泰州，称为"学政试院"，亦称"扬郡试院"。泰州"学政试院"至今犹存，为国家重点文物保护单位。上面这篇记文就是阮元为道光十四年（1834 年）泰州"学政试院"重修考棚一事而作的记，对于研究泰州"学政试院"历史具有一定的史料价值。文中提及的"学院廖公"，指时任江苏学政廖鸿荃。阮元认为，人文昌盛，关键在于务本，即以培养人才为事。这体现出阮元一贯的重视教育的思想。这篇记文后来被勒石立碑，立于"学政试院"仪门外左侧。《（民国）续纂泰州志》卷三四《金石》著录此碑，且谓"道光二十年仪征阮元撰，吴廷飏书"②。吴廷飏，即吴熙载，仪征人，著名书法家。但是，这里说阮元是在道光二十年（1840 年）撰写此记，显然错误。记文末尾云"工竣，舍弟亨书寄滇南，属为之记"，说明阮元是在云贵总督任上收到阮亨的书信，应邀写作此文，写作年代不可能是道光二十年。据记中"工兴于道光十四年四月，至本年九月而竣"，可知此文的写作年代正是道光十四年，其时阮元正在云贵总督任上，次年六月他便离任赴京了，而道光二十年大概是记文由吴熙载书写并勒石立碑的时间。

① 韩国钧、王贻牟：《（民国）续纂泰州志》卷三三《艺文下》，载《中国地方志集成·江苏府县志辑》第 50 册，江苏古籍出版社，1991，第 826～827 页。
② 韩国钧、王贻牟：《（民国）续纂泰州志》卷三四《金石》，载《中国地方志集成·江苏府县志辑》第 50 册，江苏古籍出版社，1991，第 868 页。

论泰州学派"平民儒学"思想对晚明
以降通俗文艺思潮之影响

——兼析明清泰州地区戏曲文化繁荣的思想根源[*]

钱　成^{**}

摘　要： 晚明泰州学派"百姓日用即道"思想，推动了儒学平民化时代文化思潮的形成与流行。具体到泰州学派产生、流行的核心地区——泰州而言，明清以来泰州戏曲"倍盛于前"，成为泰州地域文化的突出代表，泰州甚至被誉为"戏曲之城"。泰州戏曲文化勃兴的原因，正是根植于泰州学派的"百姓日用"平民儒学思想和"言情"文化思潮。王艮及其后李贽、汤显祖、冯梦龙等泰州学派诸子的文艺思想，深刻影响了晚明以降包括泰州地区戏曲文化在内的诸多艺文活动，是社会转型时期启蒙思想积极、主动地推动文学艺术发展的生动实践，体现了泰州学派思想在明清社会教化和文艺发展进程中的独特地位和作用。

关键词： 泰州学派　明清时期　平民儒学　泰州戏曲

---

* 本文为江苏高校哲学社会科学优秀创新团队"江苏文脉·泰州文学史"教学与研究团队（苏教社政函〔2020〕20号，带头人：钱成）、江苏省社科应用研究精品工程课题"江南文脉视阈下明清泰州戏曲文化史研究"（20YC－210）、南京大学泰州学派研究中心专项资助课题"泰州学派与晚明文学研究"、泰州学院校级课题"晚明以降'通泰地区'戏曲艺文家族考论"（TZXY2020QDJJ001）的阶段性成果。

** 钱成（1977—），男，江苏泰州人，博士，泰州学院人文学院教授、硕士生导师，南京大学泰州学派研究中心研究员，研究方向为明清小说与戏曲史、地方文化。

众所周知，针对明中期以来程朱理学逐渐僵化的情况，王阳明"致良知"之说出现，心学开始形成和传播，延至晚明，更是盛行于天下，以致出现如黄宗羲所云，"浙中、江右、南中、楚中、北方、闽越、泰州七派"①，并行于时。其中，作为王学左派之代表的泰州学派，在晚明及后世影响最大。

泰州学派创始人王艮（1483—1541），字汝止，号心斋，泰州安丰场（今江苏盐城市东台安丰）人。王艮提出的"百姓日用即道"② 平民儒学思想，对传统儒家的名教偶像提出了新的诠释，一定程度上引发了以自由开放思想理念为核心的晚明人文思潮。③

基于此，在 2018 年 12 月 3 日召开的首届江南文脉论坛开幕式上，西北大学名誉校长张岂之除肯定了江南文脉整理与研究的重要性，还针对江苏文脉整理与研究工程，提出了三点建议："要注重宋元时期我国在经济、文化方面的发展研究，其次要关注泰州学派的学术研究，还要继续深入研究明代书院文化。"④ 2019 年 10 月 31 日，作为第二届江南文脉论坛的分论坛，江南文脉·泰州学派分论坛暨泰州学派学术研讨会在泰州召开，会议提出要推进"泰州学派的思想传承与现代转化"，南京大学与泰州市共同成立南京大学泰州学派研究中心，"泰州学派网"也同时开通。

一

明代中后期，随着阳明心学及泰州学派之说盛行，王阳明、王艮及其泰州学派诸子，"专就日常生活处指点，而且遍及于'愚夫愚妇'"⑤。在王艮的理论体系中，"百姓日用"是儒学最高范畴"道"的显现，其内在核心是"中"。"中"与"妄"相对，乃人之本来而自然的心理状态。泰

---

① 王维和、张宏敏编校《〈明儒学案〉〈宋元学案〉之黄宗羲案语汇辑》，杭州出版社，2012，第 120 页。
② （明）王艮：《王心斋先生全集》，江苏教育出版社，2001，第 163 页。
③ 张克伟：《论泰州王门学派对晚明思潮之影响》，《齐鲁学刊》1998 年第 6 期，第 90 页。
④ 刘剑、苏雁：《悠悠江南 文脉流传——首届江南文脉论坛综述》，《光明日报》2018 年 12 月 19 日，第 8 版。
⑤ 余英时：《现代儒学论》，上海人民出版社，2000，第 245 页。

州学派的思想宗旨，一定程度上就是为了践行"百姓日用"，引导百姓"乐学"，回归"善"，化解广大百姓面临的生存危机，消弭晚明社会日益严重的社会矛盾。

王艮家族身体力行"乐学"与"善"，对慈善活动高度关注并积极实践。明嘉靖二年（1523 年）夏四月，淮扬大饥，王艮先向商人借贷稻米赈济乡人，此后，又拜访驻节泰州的凤阳巡抚等官员，促使"抚公悟，大发赈，行将树牌坊表扬先生，先生固谢之"。嘉靖十四年（1535 年），地方灾荒，王艮再次成功地劝说官府发赈救灾。隆庆三年（1569 年）泰州再受水灾，王艮三子王襞"鬻产捐赈，暂止里民之饥。复曰：'吾资有限，此不过济燃眉，非常策。且灾地甚广，不能仅救一隅耳。'故作《水灾吟》二百余言，赴南直都城，且歌且劝，以动四方殷实士大夫出赀助赈，活者无算"。王艮四子王补与其兄配合，"作《洪水赋》以导乡人，一守一行，上下劝导，助赈多多，活饥民者无算，远近士夫咸赞：'淮南善士，尽出王氏一家'"。①

作为出身盐丁的平民思想家，王艮思想的一切出发点都围绕着百姓日常生活，特别是新兴市民阶层的需求，高扬"百姓日用即道"。泰州学派的"百姓日用"思想简化平实、通俗易懂，"直指人心"，在下层社会极易推广，迅速传播，成为晚明王学诸派中影响最大者。所以，泰州学派具有早期资本主义启蒙性质，对 16 世纪的晚明社会形成了强大的冲击，为日益增长的平民社会的个人主义、自由主义提供了强有力的思想基础和道德庇护。

泰州学派王艮、颜山农、何心隐等人，突破宋儒藩篱，否认"道"为封建统治秩序之根本，首次将平民思想注入"道"范畴，石破天惊地大声疾呼——"自心作主宰，凡事只依本心而行"。他们高度重视普通百姓的个体性，认为"百姓日用"既包含着尧舜圣王的丰功伟绩，也包含着孔孟先贤的传道授业，更包含着寻常百姓的衣食住行。② 因此，泰州学派的平

---

① 《崇祯泰州志》，参见（清）王有庆、陈世镕《道光泰州志》卷二十四，清光绪三十四年（1908 年）补刻本。

② 邵晓舟：《泰州学派美学的本体范畴——"百姓日用"》，《中国文化研究》2010 年春之卷，第 136~137 页。

民儒学思想,从根本上突破了传统儒家追求共性、强调全社会上下一致、以封建礼乐来规范塑造所谓"文质彬彬然后君子"之"圭臬",第一次通过提倡"百姓日用即道",注重凸显自我个体。泰州学派高举"个体意识"和"个性解放"旗帜,呼唤自然、个性、通俗、大众,反对程朱理学所提倡的"存天理,灭人欲",在中国思想史上大幅度地推动了平民儒学思想的形成与流行。更需要指出的是,泰州学派强调"百姓日用即道"为这一时期通俗文艺思潮的最高追求目标,在这一目标指引下,戏曲美学之"俗"、小说美学之"情"和园林建筑美学之"宜"等明清文艺美学中诸多具有强烈平民色彩和通俗思潮的美学范畴,伴随着晚明和清代中前期的文艺实践,得到了全面确立并影响深远。

二

值得注意的是,纵观戏曲史,明中后期阳明学说形成和盛行之际,正是明正德、嘉靖时期。这一时期,昆山腔形成并开启了随后的 600 年繁荣。作为"格物良知"说的开创者,受时代风气之影响,王阳明与宋代二程等理学家的观点大相径庭。王阳明及其后的王学各派,特别是泰州学派诸子标榜"愚夫愚妇"所需方为"性命之学",因此对晚明百姓喜欢的小说、戏曲等通俗文学也高度重视起来。

王阳明不仅不否定戏曲是文学艺术的重要载体之一,更是提出如合理改造运用戏曲,将起到"致良知、易风俗之功",甚至提出,"今要民俗返朴还淳,取今之戏子,将妖词淫调俱去了,只取忠臣孝子故事,使愚俗百姓,人人易晓,无意中感激他良知起来,却于风化有益"①。

随着泰州学派思想的不断兴起,其对戏曲创作和传播的影响也越来越明显。受泰州学派思想之影响,小说戏曲等通俗的民间文学样式,晚明时期被上升到"载道之文,传世之史"的重要地位。

泰州学派主张"百姓日用即道",认为"圣人之道无异于百姓日用"

---

① 隗芾、吴毓华编《古典戏曲美学资料集》,文化艺术出版社,1992,第89页。

"圣人经世，只是家常事"①。从王阳明到王艮，均十分看重小说、戏曲等通俗文艺，认为以小说、戏曲为主体的通俗文艺形式，是"愚夫愚妇"所喜闻乐见的，必定能促进"民俗返朴还淳"②，化俗导愚。汤显祖曾提出："然则稗官小说，奚害于经传子史？游戏墨花，又奚害于涵养性情耶？"③冯梦龙则大声疾呼："圣门论学原只在人伦日用上做工夫，非另有一种闻见之学"④。因而，在其"三言"中的主要人物、描写的重点，完全突破了传统叙事文学为"帝王将相、忠臣志士"作传的传统，而将长期以来被忽视的、社会地位相对低下的市井细民、商贾工匠、妓女仆妇、贩夫走卒等，提升为通俗文艺作品的"主角"。这种以百姓日用伦常为主的取材倾向的哲学基础，明显源自泰州学派。⑤

在丰富多彩的文艺作品中，与小说相比，在百姓识字率极低的封建时代，以舞台表演为载体的戏曲作品，无疑是最贴近下层百姓的"里耳"，是平民大众最为喜闻乐见的文艺样式，可谓"俗之又俗"的典范。明清时期，戏曲迎来了前所未有的发展高峰，产生了大量平民大众喜闻乐见的传世之作；与之相应的"俗"范畴在戏曲理论中的地位也举足轻重，得到美学家、戏曲家们透彻新颖的阐发。所以，泰州学派对待小说、戏曲乃至曲艺等通俗文艺作品的态度，一直到晚清仍被时人所提倡，"不拘乎地，不择乎人，不限以时，不滞以礼。宣之而如歌词曲，讲之而如道家常，固较之设学谨教，尤便于家喻户晓"⑥。

作为王学左派的泰州学派，特别是王艮之后的泰州学派弟子如李贽、罗汝芳、汤显祖等，对小说、戏曲等通俗文学的功用更是给予了前无古人的高度重视。他们或评点《西厢记》《水浒传》，或积极创作"临川四

---

① （明）黄宗羲：《明儒学案》，中华书局，1986，第714页。
② （明）王守仁：《王阳明全集》，上海古籍出版社，1992，第116页。
③ 曾祖荫、黄清泉、周伟民、王先霈选注《中国历代小说序跋选注》，长江文艺出版社，1982，第58页。
④ （明）冯梦龙：《四书指月》，李际宁、李晓明校点，上海古籍出版社，1993，第13页。
⑤ 陈才训：《儒学平民化思潮与明代通俗小说》，《天津社会科学》2016年第2期，第132~133页。
⑥ （清）冷德馨、庄跛仙：《宣讲拾遗·序》，清同治十一年（1973年）刊本。

梦",借戏曲传播泰州学派的思想理论,影响深远,对于晚明通俗文学中的小说、戏曲创作和表演的繁荣,在主客观上都起到了积极的作用。

李贽直接提出戏曲作品务必"关目好,曲好,白好,事好","诗何必古选,文何必先秦。降而为六朝,变而为近体;又变而为传奇,变而为院本,为杂剧,为《西厢》,为《水浒传》"。① 他将《西厢记》和先秦之文、六朝诗赋、盛唐之诗等相提并论,认为无论何时,满足最广大群众文艺审美需要的唯一标准是"通俗"。在此基础上,他又提出,"故以自然之为美耳,又非于情性之外复有所谓自然而然也"②。说明只有发自自然和内心的文艺作品,才能真正上升到"百姓日用即道"的"俗"的境界。《焚书》卷三《杂述·杂说》云:"《拜月》《西厢》,化工也;《琵琶》,画工也"③。李贽把符合自然美的作品归纳为"化工";把矫揉造作之作品纳入"画工",提出了中国古代戏曲批评史上影响巨大的"化工与画工说"。

再如汤显祖,其人深受泰州学派思想影响,故被后世列为学派重要成员。《汤显祖年表》载,嘉靖四十一年(1562年),从泰州王艮三传弟子罗汝芳游。万历十四年(1586年),罗汝芳在南京讲学,汤显祖日往讨论。汤显祖在《宜黄县戏神清源师庙记》中,开篇明言"人生而有情"的主情说,表明了他对泰州学派思想的认同。

汤显祖与罗汝芳、李贽等同宗王艮。汤显祖自幼深受心学浸染,乃罗汝芳入室弟子,对李贽则神交倾慕,云:"有李百泉先生者,见其《焚书》,畸人也。肯为求其书寄我骀荡否?"④ 并与泰州学派焦竑、管志道、祝世禄、陶望龄等交往深厚。

汤显祖认为"情"是艺术作品的生命泉源,包含着人的一切自然的情感和欲望,无情亦无生命。总之,汤显祖的思想根源于泰州学派,并通过戏曲的文学表现形式寄托其思想。概括说来,汤显祖戏曲作品中显著的

① 隗芾、吴毓华编《古典戏曲美学资料集》,文化艺术出版社,1992,第108页。
② 张建业、张岱注《焚书注》,社会科学文献出版社,2013,第365页。
③ 张建业、张岱注《焚书注》,社会科学文献出版社,2013,第370页。
④ (明)汤显祖著,徐朔方笺校《汤显祖全集·寄石楚阳苏州》,北京古籍出版社,1998,第1325页。

"三教合一观"和"唯情"思想，可以说是泰州学派"百姓日用"平民儒学思想和"言情"文化思潮一脉相传之精神在文艺领域的典型代表。

在自身的创作实践中，汤显祖从人性观出发，对"情"特别重视。他说："诸公所讲者，性；仆所言者，情也。"这个"情"所指何物？周贻白认为就是"现实生活"，也就是汤显祖所说的"词以立意为宗，其所立者常，若非经生之常"①。由此可见，泰州学派思想主旨"百姓日用即道"对他的深刻影响。

汤显祖还曾亲到泰州参拜明万历三年（1575年）耿定向、李春芳、凌儒等人为纪念王艮而修建的崇儒祠，他还与同时期泰州地区多位文人有着直接交往，曾在如皋观看、指导了陈完昆曲家乐的演出，为兴化人袁文谷作《扬州袁文谷思亲》诗。汤显祖更与兴化籍著名诗人、戏曲家谢三秀交往密切。汤显祖曾有《送谢玄瑞（三秀）游吴》《春夜有怀谢芝房二绝句》。汤、谢二人的交往，尤其是汤显祖的"贵生说"对谢三秀的"声色技艺"观有较大影响。谢三秀首次从美学层面确立了昆曲演员素质高低的"声"、"色"和"技艺"之标准。

由此可见，从王艮开始直至明末泰州学派诸子，均认为文艺首先当以"百姓日用"的内容为素材，以平民大众为接受对象，尽量采取与内容相应并能在最大程度上被人们所理解和喜爱的小说、戏曲等通俗文艺形式。因此，泰州学派的传承除出现了"一代高似一代"的豪侠气概外，其文艺思想也越来越强调"故以自然之为美耳，又非情性之外复有所谓自然而然也"②。

泰州学派虽然没有直接关于文艺美学的论述，但十分重视人们平等的天性，欣赏体现在日用常行中的"美"，真正从百姓的生存需要、物质需求和情感渴望入手，强调文艺作品的生活性和通俗性，推动了具有民间性和日常性特征的"俗"文、"俗"趣——以世俗化的内容和通俗化为表现形式的小说、戏曲等俗文学开始蔚然盛行。

---

① （明）汤显祖著，徐朔方笺校《汤显祖全集·序丘毛伯稿》，北京古籍出版社，1998，第1080页。
② 张建业、张岱注《焚书注》，社会科学文献出版社，2013，第365页。

在泰州学派文艺思想潜移默化的影响下，通过李贽、汤显祖、公安三袁、冯梦龙等人在诗文、小说、戏曲等方面的创作实践，晚明以降的文艺创作和批评呈现全新的面貌。对"俗"范畴的推崇，使其时文艺特别是戏曲创作与批评理论呈现鲜活的生气，"百姓日用即道"的思想在戏曲创作、批评、表演和传播过程中，得到了强化和推崇。

如出生于泰州如皋的李渔，正是在吸收了泰州学派文艺思想积淀的基础上，大胆地将戏曲直说为圣人之木铎，教化之工具，处处以百姓大众的审美趣味和戏曲艺术本身的特性为优先。他重视下层百姓生活日用中显现出来的美好天性和亲切通俗言行举止中所包含的舞台活力，极力主张戏曲就应当以百姓浅言说家常俗事，字字句句不出"百姓日用"，这样才算得上"意深词浅，全无一毫书本气"，才能在愉悦人心的同时如春风化雨般达到润物无声。他提出："曲文之词采，与诗文之词采非但不同，且要判然相反。何也？诗文之词采，贵典雅而贱粗俗，宜蕴藉而忌分明。词曲不然，话则本之街谈巷议，事则取其直说明言。"①

可以看出，泰州学派"百姓日用"美学对李渔戏曲理论潜移默化的影响固然是不容忽视的，更应当注意到，清初李渔的戏曲创作与表演理论之所以风行天下，为时人所尊崇，离不开泰州学派王艮、李贽、公安三袁、汤显祖和冯梦龙等人在创作上和理论上的铺垫。所以，泰州学派思想对晚明以降剧坛的影响是重大而深远的。

三

泰州学派诞生、成长的文化土壤，是自汉唐以来形成的"泰州文化圈"。从地域文化特征上看，明清时期的泰州，尽管曾长期隶属于扬州，但它是一个独立于以扬州城为中心的维扬文化圈外的文化区域。因此，明清时期，这一文化地域自立于维扬文化和州府级行政概念之外，凭借着自身以"江淮海三水交汇的运河文化和盐运、盐税文化"为特征的文化凝聚

---

① （清）李渔著，蔡践解译《闲情偶寄全鉴》，中国纺织出版社，2017，第 38 页。

力和扩张力，自成疆域。①

泰州地区乃泰州学派的发源地和主要传播地区，"淮南三王"长期深耕于以泰州为中心的淮南地区，传道播种，门人弟子众多。李卓吾曾言："当时阳明先生门徒遍天下，独有心斋最为英灵……盖心斋真英雄，其徒亦英雄也。"②

王艮开创泰州学派，一生致力于讲学。其次子王襞从30岁开始独立进行学术和社会活动，在其后的近50年时间里，坚持在淮南一带进行讲学活动。王襞晚年在泰州城内崇儒祠定期举办讲会，一时影响极大。王氏后人王之垣、王元鼎等，直至明末仍正常开展东台安丰心斋祠的月讲活动。直至今日，位于泰州市海陵区的崇儒祠、安定书院，姜堰区的王氏宗祠以及今盐城东台市的东淘精舍等遗迹仍保存完好。所以，泰州地区甚至一跃成为晚明全国范围内思想最为活跃的地区之一。

除对明清剧坛的直接影响外，泰州学派思想还对明清泰州地区文化家族的艺文活动产生了深远的影响。明清泰州地区文化家族的文艺思想，特别是通俗文学和艺术思想的直接来源，本于泰州学派"百姓日用"的平民儒学和"言情"思想。

严迪昌在分析"文化世族"的形成原因时提出，"江南文化世族的形成有其内外两个因素，内部因素是科举体制的刺激和力求不辱家声、不坠门风的心性，外部因素是经济发达、教育兴隆、文化水平起点较高及相对稳定的区域社会生活环境"。③

王艮曾提出，"修身，立本也；立本，安身也。安身以安家而家齐，安身以安国而国治，安身以安天下而天下平也"。其族弟、"淮南三王"之一王栋从"修身、齐家、治国、平天下"的高度，制定了《淮南王氏六规训》，包括《孝顺父母歌》《尊敬长上歌》《和睦乡里歌》《教训子孙歌》

---

① 钱成：《强化"江苏文脉"视阈下"海陵文化"的深入研究——以明清"海陵地区"家族文化与戏曲文化为分析对象》，《泰州职业技术学院学报》2019年第3期，第40页。
② （明）李贽：《焚书》卷二《书答·为黄安上人三首》，中华书局排印本，第80页。
③ 严迪昌：《明清新兴世族与吴文化的发展》，《苏州大学学报》（哲学社会科学版）1992年第1期，第76~85页。

《各安生理歌》《毋作非为歌》，极为强调家族内部的文化建设。

正如杨惠玲《明清江南望族和昆曲艺术》中所指出的，"家族文化"和"戏曲文化"可谓明清以来江南文化体系中的代表形态。[①] 对于地处长江北岸，位于苏州与扬州之中的泰州而言，明初"洪武赶散"带来的苏湖移民，明中后期持续到近代的徽州和宁镇移民，成为本地区世家望族的主体。这些家族借助于本地区的水运和盐税之利，通过科举和教育等途径，成长为在诗文、书画、戏曲等诸多领域成果蔚然的艺文家族。[②]

王阳明之后心学最大的继承者和发展者之一，明泰州靖江长安团朱氏文化家族朱得之，乃南中王门代表人物。黄宗羲《明儒学案》载："南中之名王氏学者，阳明在时，王心齐、黄五岳、朱得之、戚南玄、周道通、冯江南，其著也。""从学于阳明，所著有《参玄三语》。其学颇近于老氏，盖学焉而得其性之所近者也。其语尤西川云：'格物之见，虽多自得，未免尚为闻见所梏。虽脱闻见于童习，尚滞闻见于闻学之后，此笃信先师之故也。不若尽涤旧闻，空洞其中，听其有触而觉，如此得者尤为真实。子夏笃信圣人，曾子反求诸己，途径堂室，万世昭然。'即此可以观其自得矣。"[③] 自朱得之开始，靖江长安团朱氏在以《列子》为家学的同时，高度关注戏曲艺术。朱得之后裔朱正初、朱凤台，均曾置有戏曲家班。他们或有剧作问世，或有观剧评剧诗词留存，并分别在明末和清初成为靖江和如皋地区的文坛领袖。

明代泰州地区的李春芳、凌儒、林春、韩贞、袁懋贞、冒起宗、徐耀等地域性文化名流，均为泰州学派后期骨干。

作为明清淮南地区第一文化世家——昭阳李氏的肇基者，明隆庆朝内阁首辅、状元李春芳，曾为纪念王艮的泰州崇儒祠作《崇儒祠记》。右金都御史凌儒则有《先生祠堂记》。

---

① 杨惠玲：《明清江南望族和昆曲艺术》，厦门大学出版社，2016，第284页。
② 钱成：《强化"江苏文脉"视阈下"海陵文化"的深入研究——以明清"海陵地区"家族文化与戏曲文化为分析对象》，《泰州职业技术学院学报》2019年第3期，第40页。
③ 王维和、张宏敏编校《〈明儒学案〉〈宋元学案〉之黄宗羲案语汇辑》，杭州出版社，2012，第93页。

此外，明末清初的泰州世家文人、戏曲家宫伟镠、冒襄、李宗孔、宗元鼎、黄云、王熹儒、陆舜、张幼学，清中前期的张符骧、沈默、黄振等，思想上也都宗淮南之学。李春芳后裔、兴化李氏李清及其家族李长倩、李栋等，也均以泰州学派思想为主导。

所以，清佚名《清代学人列传》云：

> 张符骧生居海滨，承明季遗民之流风，颇留心前代掌故。所作多传状碑志，皆以表忠义、彰节烈、述学行、存文献为旨。其纪吕晚村诸事状，辄怆然有桑海之感。①

泰州学派的思想对泰州地区文化家族影响深远，其中最为典型首推吴嘉纪家族、宫伟镠家族和冒襄家族。

明末清初平民诗人吴嘉纪，祖孙三代均为泰州学派后期成员，其妻则出身王艮家族。

泰州宫氏宫伟镠妻祖袁懋贞，乃泰州学派后期中坚，其岳父则是王艮嫡传弟子林春。王艮之学，从其传至林春，林春传袁懋贞，袁懋贞传冒起宗和宫伟镠。所以，清末民初东台安丰袁承业（字伯勤）作《王心斋先生弟子师承表》，将宫伟镠列入心斋直系弟子。

林春（1498—1541），字子仁，号东城。祖籍福建方城，自父林宏始举家迁泰州。幼时家境窘困，因贫几近辍学，常以竹筒装膏，燃火读书。林春初学于泰州知州，后仰慕王艮学说，师从王艮学“致良知”之说。

黄宗羲《明儒学案·文选林东城先生春》云：

> 先生师心斋而友龙溪，始闻致良知之说，遂欲以躬践之。日以朱墨笔点记其意向臧否醇杂，以自考镜。久之，乃悟曰：“此治病于标者也，盍反其本乎？”自束发至盖棺，未尝一日不讲学，虽在吏部，不以官避嫌疑。与知学者挟衾被枏具，往宿寺观中，终夜刺刺不休。

---

① （清）佚名：《清代学人列传》，http://gz.eywedu.com/qingdaixueren/mydoc309.htm。

荆川曰:"君问学几二十年,其胶解冻释,未知其何如也?然自同志中语质行者,必归之。"由此言之,先生未必为泰州之入室,盖亦无泰州之流弊矣。①

正如明人唐顺之所评价,"君问学几二十年,其胶解冻释,未知其何如也?然自同志中语质行者,必归之"②。虽"问学几二十年",林春唯独心敬王艮,以王畿为友,一生践行良知,且对王艮之学有所发挥。黄宗羲则云,"先生(林春)未必为泰州之入室,盖亦无泰州之流弊矣。"③ 林春作为泰州学派的重要代表人物,带有明显的阳明心学的思想特质,其"义利说"强调以士和商人为立教对象,以平民大众为传道对象,注重通俗化和社会化的道德教化和文化引领,践行了泰州学派"以道觉民"的下行路线,其指导理念正是王艮所提倡的务求"愚夫愚妇与知能行"的"百姓日用即道"思想。

再以明清泰州地区著名文化世家泰州宫氏、仲氏家族,兴化李氏和如皋冒氏家族等为例,泰州学派的"百姓日用即道"的平民儒学思想和"为情第一"的情爱观念,感染、催生了明清泰州地区文化家族宫伟镠、李清、冒襄、李栋、陆舜、仲振奎、夏荃等戏曲家"倡俗""言情""传道""功用"相结合的"曲学观",凸显了社会转型时期的启蒙思想在文学艺术等发展过程中所起的积极作用。

此外,晚明以降泰州世家文人的相关艺文活动,均可见泰州学派思想的直接影响。

宫伟镠、沈默、夏荃都曾为"曲艺祖师"、泰州平民柳敬亭作传。

康熙三年(1664年),身为淮扬地区遗民领袖的宫伟镠、李清,以"愚夫愚妇"为接受对象,合作改编明朝杨慎《弹词演义》为《史略词

---

① 王维和、张宏敏编校《〈明儒学案〉〈宋元学案〉之黄宗羲案语汇辑》,杭州出版社,2012,第121页。
② 王维和、张宏敏编校《〈明儒学案〉〈宋元学案〉之黄宗羲案语汇辑》,杭州出版社,2012,第121页。
③ 陈文新主编《明代科举与文学编年(中)》,武汉大学出版社,2009,第2028页。

话》。目的就是要借助通俗的戏曲形式，将"历代兴亡存废之事"披之管
弦，传之后世，"以道觉民"。①

明末清初泰州海安镇陆舜，家族中文名传承十余代。其人兼名宦与名
士于一体，少与张幼学、张一侨等师从泰州学派冒起宗、徐耀、刘国柱，
并与吴嘉纪、王艮的五世裔孙王衷丹等共结"曲江社"。袁承业将陆舜与
曲江社成员及"东淘七子"列入"心斋弟子"。②陆舜除作有传奇七种外，
还曾为张幼学《青楼恨传奇》作《题张词臣〈青楼恨传奇〉序》。该序云：

> ……镂版为烟，不传妙讴；心成锦口，渐近自然。有如捉剑呼
> 天，持杯喝月。拟惠连之梦句，绽文通之笔花。盖断者不可复续，妙
> 有殊情；死者不可复生，不无定理。……至于文皆生旦，事无杂优，
> 可以咏歌，难于串演。无论下里巴人，不获头摇眼合；即若梨园子
> 弟，何从舞绝歌清！③

该序突出了戏曲创作必须注重"自然"，彰显"殊情"，以达到使
"下里巴人""头摇眼合"，集中体现了泰州学派平民儒学思想下形成的明
末清初泰州戏曲文化体系中"倡俗""言情""传道""功用"相结合的
"曲学观"。

乾隆七年（1742年），泰州望族沈氏家族沈默之子沈成垣在《重刊
〈桃花扇〉小引》中云：

> 《桃花扇》自进内廷以后，流传宇内益广，愚夫愚妇无不知此书
> 之感慨深微，寄情远大。所憾者……后学求观不得，每借抄于友朋，
> 甚劳笔墨……将一印万本，流于天地，求观者无俟过费笔墨矣。④

① （清）李清：《史略词话·自序》，清康熙三年（1664年）泰州宫氏刻本，国家图书馆藏。
② 袁承业：《王心斋先生弟子师承表》，民国二年（1913年）油印本，泰州图书馆藏。
③ （清）陆舜、张幼学：《双虹堂集》，载韩国均编纂《海陵文征》，民国汇校本，扬州大学
图书馆藏。
④ 钱成、王汉民：《清"海陵本"〈桃花扇〉刊刻评阅者沈默考》，《广西社会科学》2018
年第3期，第161~166页。

沈成垣详细交代了沈默父子两代不惜家财，评阅刊刻《桃花扇》的原因是满足"愚夫愚妇"对《桃花扇》的阅读需求。

与沈默父子高度重视戏曲"传道""功用"结合的"高台教化"独特作用一致，仲振奎在《画三青传奇·自序》中，明确自己创作该剧的目的为：

> 乃作《画三青传奇》，将使诸人姓名无贤愚尽知之，以厚历风俗，非徒效优孟衣冠已也……①

黄振的《石榴记传奇》深受其时"风情"与"风教"相结合为"情教"传奇创作思潮的影响。晚清夏嘉谷托请徽州大儒汪宗沂创作《后缇萦传奇》，其目的就是要借助戏曲的风化功能，"传蔡蕙（清初泰州著名孝女）孝道，有益于时"。

四

借助大运河以及域内古运河等河道水运和盐运带来的经济富饶，唐宋以来泰州地区的戏曲艺术得到了前所未有的繁荣。明清时期泰州的戏曲文化更是"倍盛于前"，并最终使戏曲文化成为泰州地域文化的突出代表。明清泰州地区的戏曲文化特征，在本地区诸多艺术形态中表现得尤为突出和典型。

仅以戏曲创作为例，自明正德朝兴化宗臣的《倩女抒怀》套数和嘉靖朝兴化陆西星《顺天时》杂剧发轫至清末民初，泰州地区集中涌现了超过40名文人剧作家。这些剧作家，先后创作了近百部传奇、杂剧以及比较接近戏曲的曲艺作品。这在中国戏曲史上足可与明末清初的"苏州派"曲家群体所创剧作数量媲美。再看戏曲表演，仅明末清初，泰州地区的文人昆

---

① （清）仲振奎：《绿云红雨山房文钞外集》卷二，清嘉庆十六年（1811 年）刊本，泰州图书馆藏。

曲家班发展鼎盛一时，成为中国戏曲史上承明中后期江南文人家班，下启清中期扬州两淮盐商"七大内班"的重要一环，出现了泰州俞氏（俞锦泉家班）、泰兴季氏（季振宜家班）、如皋冒氏（冒襄家班）、兴化李氏（李长倩家班）、如皋黄氏（黄振家班）等享誉全国的昆曲家乐。

除政治、经济、文化和地域、时代、教育等方面的原因外，因泰州学派思想引导而形成的泰州地区独特的地域性文化思潮，可谓明清泰州地区戏曲文化得以繁荣兴盛的重要原因。此时，极具民间性和日常性特征的"俗"文、"俗"趣、真情、真意的小说和戏曲，在泰州地区获得了前所未有的重视。相对传统"雅"的诗文而言，泰州文人们更强调对"俗"范畴的推崇。这样的文艺思潮和审美取向，使晚明以降泰州地区小说、戏曲等通俗文艺整体呈现勃勃生气。特别是泰州学派"百姓日用即道"思想，以及汤显祖"奚害于涵养性情耶？"和李贽"不通俗而能之乎？"等一脉相承的王学左派文艺美学主张，对明清泰州地域性戏曲文化中的主题确立、题材选择、剧本创作、表演形式、美学效果等诸多方面的通俗化、世俗化、人情化倾向，起到了理论指导作用。

受泰州学派思想和地域性商业文化高度发达的影响，自晚明兴化李氏诸曲家开始，其后郑板桥、黄振、江大键、仲振奎、仲振履、刘熙载等诸多泰州文人的戏曲创作与批评，均体现了一种反传统、反道学，重创造、重写情的美学思想，极为注重个性的自由表现及艺术的独创精神。

作为清代最具平民思想的艺术家之一，郑板桥曾就戏曲中生旦净丑行当分类的褒贬含义、审美价值指向进行深入阐释。在《潍坊新修城隍庙碑记》中，他针对祀神与祀人、娱神与娱人问题，认为人神是统一的，提出"岂有神而好戏者乎？"，"不过因人心之报称""媚于尔大神"[1] 的观点。在戏曲的作用上，他肯定戏曲有"演古劝今"的积极作用，强调了戏曲作为通俗文艺独特的"传道"与"功用"，其目的正是立足于满足"百姓日用"。

以《红楼梦传奇》作者仲振奎为例，其人身为进士之子、泰州名士，

---

[1]　（清）郑燮：《郑板桥文集》，巴蜀书社，1997，第128页。

却高度关注小说、戏曲等通俗文学形式，先后创作传奇 16 部，小说多篇。正是受泰州学派"百姓日用即道"思想和汤显祖等奉行的"情爱"观念的影响，他对《红楼梦》小说的悲剧结局强烈不满，遂将宝黛之情与《牡丹亭》中杜丽娘、柳梦梅之情联系在一起，认可戏曲的大团圆结局，强调情的永恒和完美无缺。从社会文化心理角度来讲，这是王学左派言情文化思潮的延续，也是泰州学派所倡导和肯定、尊重市民阶层功利化、通俗化审美需求的直接体现。^① 正如两淮盐运使曾燠为《红楼梦传奇》题诗所言："梦中死去梦中生，生固茫然死不醒。试看还魂人样子，古今何独《牡丹亭》?"著名戏曲家蒋士铨之子、戏曲家蒋知让也有诗云："文章佳处付云烟，竟有文鳞续断弦。恩怨分明仙佛幻，人心只要月常圆。"所以，清朝扬州文人张彭年在阐发仲振奎的戏曲美学思想时云："缘逢深处天偏妒，情到真时死不休。千古伤心词客惯，两行泪洒笔花秋。"^②

今泰州图书馆藏清嘉庆十六年（1811 年）仲振奎《绿云红雨山房文钞外集》卷二，载有仲振奎所作《怜春阁传奇》及已亡佚的《火齐环传奇》等 13 种传奇的自序。

在《卍字阑传奇·自序》中，仲振奎明确提出："嗟乎！古今来修蛾曼□性温克，情婉约者，不知凡几。而得所天偿所顾者罕矣。故色愈美者，命愈蹇；情愈深者，缘愈艰；才愈高者，境愈迫。"《香囊恨传奇·自序》中则径直明言："故两心相印，四目交成，石不夺其坚，丹不夺其赤。假令月老姻缘簿，皆成如意珠，岂非世间一大快事。"在《香囊恨传奇·自序》更是明确提出："百千万劫，无量苦海，情而已矣！"^③ 这样的创作思想和创作宗旨充分表明了其人对泰州学派"百姓日用"和"言情"美学思想的继承与发展，其剧作更是大力弘扬"假令月老姻缘簿，皆成如意珠"，与《西厢记》中"愿天下有情人终成眷属"，关注百姓民生，彰显

---

① 钱成：《论〈红楼梦〉戏曲首编者仲振奎的戏曲创作》，《哈尔滨学院学报》2010 年第 2 期，第 70 ~ 75 页。
② （清）仲振奎：《红楼梦传奇》，清嘉庆己未（1799 年）绿云红雨山房原刻本，泰州图书馆藏。
③ （清）仲振奎：《绿云红雨山房文钞外集》卷二，清嘉庆十六年（1811 年）刊本，泰州图书馆藏。

真情至上。

与仲振奎同为清中前期泰州戏曲家的黄振①，在其代表剧作《石榴记》中，充分吸收了晚明以来以泰州学派思想为主体的平民儒学思想，彰显了"至情"的思想主题。

也许是因长期受泰州地域文化主流——泰州学派思想的熏陶，黄振反对封建礼教中"男尊女卑"的思想。在《石榴记》中，将罗惜惜和张幼谦放在平等地位，一开场就让其"女扮男装"，而没有落入大费笔墨描绘女主人公的花容月貌的俗套。身为闺中弱女子的罗惜惜，出于对爱情的内心渴望和对幸福的迫切追求，竟然大胆地克服了少女的矜持，主动突破礼教之大防，"地久天长，愿不能谐，惟望一见"②，私约张幼谦，追求属于自己的美满爱情与人生幸福。这一人物形象的塑造，所体现出的情之真、情之深，客观上已经超越了《西厢记》中的崔莺莺和《牡丹亭》中的杜丽娘，达到了汤显祖所言的"情之至"的阶段，家庭、世俗、牢狱、生死都不能阻挡，亦无法隔绝，令观者为之动容，仙者为其成全。

《石榴记》充分吸收了晚明以来以泰州学派思想为主体的平民儒学思想和李渔的曲论，围绕"性灵说""至情"的思想主题，在充分学习借鉴《牡丹亭》《桃花扇》《长生殿》的基础上，沿袭传统题材，但独出机杼，推陈出新，反对封建礼教、追求自由婚姻幸福的主题更为鲜明突出，戏剧矛盾集中，人物形象也十分清晰，有着独特的艺术魅力和审美意蕴。

所以，《石榴记》尽管是清中期的一部爱情传奇，但高扬泰州学派"百姓日用即道"思想，勇敢地打破了封建社会的"父母之命，媒妁之言"的礼教枷锁。全剧充满了对才子佳人真挚情感的颂扬。剧中，与一般风情喜剧刻画风流韵事的旨趣不同，张幼谦和罗惜惜"一个心坚比铁石，一个志洁同秋水……一个绣阁痴魂化了蝴蝶衣，一个客馆青春梦冷鸳鸯被"（见第十五出《寄笺》）。他们为情始终如一，生死无惧，至死不渝。黄振在剧中肯定情、赞美情，可见其创作指导思想与汤显祖《牡丹亭》中"情

---

① 黄振（1724—1773），字舒安，号瘦石，又号柴湾村农。清雍正二年（1724 年）出生于如皋柴湾。其人出生时，如皋为泰州属县，故黄振亦为泰州人。
② （清）黄振：《石榴记》，清乾隆三十七年（1772 年）柴湾村舍刻本。

不知所起,一往而深,情之所至,生者可以死,死者可以生"的"至情"思想一脉相承。

因此,黄振挚友顾云在《石榴记·题词》中说道:

> 《石榴记》法曲虽各诵一过,忽不觉性为之合,情为之移也。且先人之情性,各不相谋且也。乃揣他人之性情,适以胎合一己之性情,而遂使天下之后世读吾书者,无不各自得其性情。要之性情者,一己如是。推之他人,达之天下,后世无不如是。斯为得也。①

清朝梁廷枏在《藤花亭曲话》中,曾不惜笔墨,专门论述了洪昇《长生殿》、孔尚任《桃花扇》、李渔《笠翁十种曲》、仲振奎《红楼梦传奇》、黄振《石榴记》等。他提出:"言情之作,贵在含蓄不露,意到即止。其立言,尤贵雅而忌俗。然所谓雅者,固非浮词取厌之谓。"② 对上述诸剧的"言情"给予了充分肯定。

另外,从清泰州仲氏家族曲家、进士仲振履所作传奇《双鸳祠》《冰绡帕》可知,仲振履尽管仍遵循传统传奇生旦爱情剧作的体例进行创作,但对于剧作的人物塑造,则一反传奇"无奇不传"之取材标准,大胆采用同僚之妻妾蔡梅魁、张瑶娘两位真实人物入剧,极力赞扬她们的舍身精神和坚贞爱情,既流露其强调"言情"的创作宗旨,更反映了其关注底层人物、关注平凡女性的"百姓观",表现出强烈的自然情性解放趋向。

五

综上所言,泰州学派的"百姓日用即道"平民儒学思想和"言情"文化思潮,对晚明及其后文艺美学中表现自我和享乐人生的情性观的形成和发展起到了至关重要的作用,深刻影响了包括戏曲在内的各类艺文活动,

---

① (清)黄振:《石榴记》,清乾隆三十七年(1772年)柴湾村舍刻本。
② 转引自吴新雷《昆曲史考论》,上海古籍出版社,2015,第260页。

感染、催生了戏曲文化中"倡俗""言情""传道""功用"相结合的"曲学观"，引发了晚明以降泰州地区文人剧作和文人家班的集中涌现。它是明清以来泰州学派产生与传播主要区域——泰州地域最具代表性的文化特征戏曲文化繁荣兴旺的根本原因之一，凸显了社会转型时期的启蒙思想积极、主动地推动文学艺术蓬勃发展的过程，体现了泰州学派思想在明清社会教化和文艺发展进程中的独特地位和作用。

盱眙第一山藏清代经学家朱彬墓志考释

罗 志*

摘 要： 盱眙第一山公园碑刻陈列室藏有一方《皇清诰封光禄大夫国子监学录晋吏部尚书郁甫朱公墓志铭》，墓主人是清代宝应县籍经学家朱彬。以墓志文字为准，参酌朱为弼《蕉声馆文集》、道光《重修宝应县志》、民国《宝应县志》等文献，将现存墓志录文点校。根据墓志和现存史料，可以了解到作为清代宝应朱氏家族重要人物的朱彬，因其子朱士彦为道光皇帝老师、官至吏部尚书而殁后得到封赠，撰文者朱为弼、书丹者史谱、录盖者程恩泽均为一时朝廷重要官员。朱彬墓地远择盱眙县小云山，应是其家族子孙为避洪水而葬其父祖于邻县高亢之地的无奈之举。墓志对朱彬的生平也不无溢美之词，如其在朱士彦主考浙江时违例阅卷遭到御史弹劾、皇帝批评，墓志文字也做了曲笔回护。

关键词： 盱眙 第一山 清代 朱彬 墓志

    盱眙第一山上保存着自北宋至近代的数百通题刻，是一座金石文化的宝库。笔者在盱眙第一山公园内的碑刻陈列室，见过一方墓志镶嵌在墙壁上，墓志盖题曰："皇清诰封光禄大夫国子监学录晋吏部尚书郁甫朱公墓志铭"。另有墓志，保存较为完好，也有不少漫漶之处。此方墓志，陈列室未有介绍，其出土移存情况也不清楚，查《第一山题刻选》① 也未著录。

---

* 罗志，男，安徽省滁州市人，江苏省社会主义学院办公室干部，研究方向为大运河文化遗产、江淮地方文化。

① 政协盱眙县文史资料委员会：《第一山题刻选》，1997 年印。

笔者查阅相关史料，知其为清代宝应县籍经学家朱彬的墓志，此方墓志文字，在朱为弼《蕉声馆文集》卷八①、道光《重修宝应县志》卷二六《艺文四》②、民国《宝应县志》卷二九《艺文》③ 中均有著录。今笔者以出土墓志文字和相关著录文献为基本线索，对该墓志做一点考释。

一　墓志录文

笔者根据第一山藏朱彬墓志录其文字，并作校对。文字内容参考朱为弼《蕉声馆文集》卷八《赠吏部尚书郁甫朱公墓志铭》、道光《重修宝应县志》卷二六《艺文四》所载《皇清诰封光禄大夫国子监学录郁甫朱公墓志铭》、民国《宝应县志》卷二九《艺文》所载《诰封光禄大夫国子监学录郁甫朱公墓志铭》校对，墓志文物字迹残缺部分因之补全，文字不同之处一并注明。

墓志盖文字为"皇清诰封光禄大夫国子监学录晋吏部尚书郁甫朱公墓志铭"，据墓志实物所录。

墓志铭全文如下：

皇清诰封光禄大夫国子监学录晋吏部尚书郁甫朱公墓志铭

特授资政大夫兵部侍郎都察院右副都御史漕运总督权仓场侍郎工部左侍郎都察院左副都御史平湖朱为弼撰文

诰授资政大夫兵部右侍郎前内阁学士詹事府詹事光禄寺卿陕西巡抚乐陵史谱书丹

诰授资政大夫工部右侍郎兼管钱法堂事移 直 上书房行走歙程恩

---

① （清）朱为弼：《蕉声馆文集》卷八《赠吏部尚书郁甫朱公墓志铭》，清咸丰九年（1859年）侄曾孙朱景迈重刊本。

② （清）孟毓兰等：道光《重修宝应县志》卷二六《艺文四·皇清诰封光禄大夫国子监学录郁甫朱公墓志铭》，道光二十年（1840年）铅印本。

③ 冯煦等：民国《宝应县志》卷二九《艺文·志铭·诰封光禄大夫国子监学录郁甫朱公墓志铭》，民国二十一年（1932年）铅印本。

泽录盖

　　郁甫封公，耆年懋德，作式乡邦，同年咏斋尚书其长子也，道光辛卯壬辰，两持使节于江南，岁腊正旦，皆奉欢介景，里党荣之。甲午初春，尚书闻公疾，陈请解职驰省，奉天子恩谕，戴职归省，诚旷典也。公既卒，尚书寓书乞铭墓文。为弥虽弇陋，谊不敢辞，爰按^①状而志之。

　　公姓朱氏，讳彬，字武曹，一字郁甫。先世为吴中著姓。宋时讳之修者，为学官，徙徐州。元初讳宝臣者，为将军。明初讳八三者，始迁居宝应湖西，继定居城中。四传讳讷，成化丁酉举人，湖广江陵县知县。五传讳应登，弘治己未进士，云南布政司参政。六传讳曰藩，嘉靖甲辰进士，江西九江府知府。三世皆以文学道义闻世，称江陵、凌溪、射陂三先生。至国朝，讳克简，顺治丁亥进士，云南道监察御史，巡按福建，有大功德^②于民，公高祖考也。曾祖考讳经，岁贡生，候选儒学训导。祖考讳泽代，邑附生，妣刘氏。考讳宗赟，恩贡生，候选直隶州州判，妣成氏，实生公。公承累世潜德弗耀，至是规模益昌。祖考两世，皆以子士彦官赠光禄大夫、内阁学士兼礼部侍郎加三级，妣皆赠一品夫人。

　　公天姿醇粹，颖敏魁辈伦，髫龄嗜学，长而愈骞。同里刘端临先生台拱以经术名于时，公与相砥砺，同为训诂、声音、文字之学。年十八，补诸生。与高邮贾稻孙田祖、李孝臣惇、江都汪容甫中诸先生为友，皆闳洽才而钩贯经史。汪 君 尤雄于文。公至性过人，年十一丧母，哀毁如成人，孝行肫笃，重亲致欢，蔼蔼愉愉，门内以穆居赠。公忧三年，疏食居外，不用浮屠，垂为家法。尚书遭逢圣明，以高第荐清要长卿班，服官莅政，謇然无愧古人。又屡奉简命，谳狱四方，宽严得中，皆承公志，以施于政者也。持躬高洁，远出时俗。尚书既贵，公家居杜门，笃行自守，未尝一干有司。尚书视 学三 省，

---

①　民国《宝应县志》载文无"爰按"两字。
②　民国《宝应县志》载文无"德"字。

公尝就养，日偕幕中友阅文。每届试，尚书监于堂，公阅竣，付尚书定去取，曰："吾不侵汝职也。"次子士达，官安徽，亦迎公至官署，闻鞭挞声，辄愀然。性峻洁，人不敢干以私。面折人过，或见辞色，能改则已。坦然大公，畏而可亲。自奉以俭，勇于为义。家不①中资，而于族戚故旧艰乏者，助恤常厚，岁时馈问无间。族有孤子，养而教之，卒赖以立。乡里有善举，必首倡，善其终。救饥拯潦，多所全济。道光十一年水灾，倡督振施，全活无算，疆吏上其事，得旨议叙如律。公简淡寡交游，尝居京师，足不履贵人门，惟与王观察石臞、邵学士二云、范光禄叔度三先生以文章道义相爱重。学士、光禄早游道山，而公与石臞先生以耆年硕学为儒林丈人。往者，石臞先生之殁，海内学者，相与嗟悼太息，恨失所宗仰。又二年，而先生下世，东南耆旧，于是尽矣。所著《经传考证》八卷、《礼记训纂》四十九卷、《文集》四卷、《诗集》一卷、《邑乘志隅》若干卷、《朱氏支谱》一卷，辑《玉山草堂课艺》若干卷、《白田风雅》二十四卷、《端临先生遗书》若干卷，藏于家。

公于道光十四年正月甲午卒，距乾隆十八年九月戊辰生，年八十有二。乾隆乙卯顺天乡试举人，大挑二等，改授国子监学录衔，累封光禄大夫、内阁学士兼礼部侍郎加三级，例赠光禄大夫、吏部尚书。娶刘夫人，诰赠一品夫人，温淑慈惠，柔嘉维则，先公四十年卒。子男四人：长士彦，嘉庆壬戌一甲进士，吏部尚书；次士达，嘉庆丁丑进士，广西左江兵备道；次士廉，道光癸巳进士，直隶即用知县；次士辨，国子监生，先卒，驰赠奉直大夫、大理寺寺丞，加一级。女二人：长适大兴廪贡生江西候补府经历范承英；次适仪征道光壬午进士山东济东泰武临道陈嘉树。孙男十二人：长百顺，庠生，二品荫生，大理寺寺丞；百行、百城、百珏、百梅皆庠生；百谷，廪贡生；百获，业儒，早逝；百祥、百朋、百阜、百川、百思，皆业儒。孙女七

---

① 民国《宝应县志》载文无"不"字。

人，曾孙男七人，女六人。其年十二月庚申，葬公于盱眙县小云山上之石罗圈。

铭曰：我朱氏，在周为小邾，唐有孝友先生居于吴；考亭《小学》① 载其语，凡我紫阳同所祖。公家肇姑苏，历宋元明嗣功德，至今蕃衍旧德食。曰② 为纯儒，为经生，承先开后垂令名。佳城吉卜，云山郁葱，天畀后禄，子孙其逢。作铭维实，卓哉碑穹！

二　相关人物生平梳理

这方墓志的墓主据志文为朱彬，撰写墓志文字的是朱为弼，把墓志书写下以便刻石的是史谱，题写墓志盖篆字的是程恩泽。下面，笔者参酌相关文献，重点梳理墓志朱彬及其家族的人物生平信息，并简述其余几位撰志相关人物。

1. 朱彬

关于宝应朱氏家族，朱庆裴撰有《宝应朱氏世代事略》③ 及《朱彬先生年谱》④ 两部著作，是目前研究朱彬及宝应朱氏家族的权威著述。宝应朱氏家族是地方官宦世家，以经学和文献知名，朱彬仅举人出身，能改授国子监学录衔，后来累封光禄大夫、内阁学士兼礼部侍郎加三级，例赠光禄大夫、吏部尚书，与其长子朱士彦仕途得意有关。

对朱彬生平的研究，清道光《重修宝应县志》、赵尔巽等所撰《清史稿》、支伟成所撰《清代朴学大师列传》、钱仪吉等所撰《清代碑传全集》等书都记载了朱彬的生平及著作，基本上都以朱为弼《赠吏部尚书郁甫朱公墓志铭》为蓝本，或原文照录，或缩写改编，篇幅虽长短不同，内容实

---

① 《宝应历代县志类编》（江苏人民出版社，1991）引《（道光）宝应县志》朱为弼《诰封光禄大夫国子监学录郁甫朱公墓志铭》，将"考亭《小学》"点校为"《考辛小学》"，张乃格《旧方志标点书籍疑误举例》（《江苏社会科学》1997 年第 5 期）已辨其误。

② 《蕉声馆文集》载多一"曰"字，第一山藏墓志无。

③ 朱庆裴：《宝应朱氏世代事略》，时代文化出版社，2011。

④ 朱庆裴：《朱彬先生年谱》，中国科学文化出版社，2015。

大同小异。另外，钱穆《中国近三百年学术史》的《附表》中也记载有朱彬的生卒年份。①朱彬一生主要著作有《礼记训纂》四十九卷、《经传考证》八卷和《游道堂集》四卷，还编辑了一些乡土文献，批校了一些儒学经典。②《礼记训纂》是清代《礼记》研究的重要著作，后被收入中华书局《四部备要》丛书、《十三经清人注疏》丛书和上海古籍出版社所刊的《续修四库全书》。《经传考证》收入清代阮元主编《皇清经解》。另外，道光《重修宝应县志》中收有朱彬诗文若干篇，罗振玉所辑《昭代经师手简》中收录了朱彬与经学大师王念孙、王引之的书信手迹共六通。

朱彬于乾隆十八年（1753 年）出生在扬州府宝应县的一个书香家庭，据墓志，字武曹，一字郁甫。他的先祖是吴中望族，明初迁居宝应，明朝后期其远祖朱应登、朱曰藩就以文学道义闻名于世。至清朝，朱彬的高祖朱克简是顺治四年（1647 年）进士，官至云南道监察御史、福建巡按御史；曾祖朱经是岁贡生，相当于举人副榜；祖父朱泽代是邑附生。他的父亲朱宗赟是恩贡生，也是一位经学家。

朱彬的科举之路不算顺利，后来"科举移民"，他于乾隆六十年（1795 年）参加北京的顺天乡试，方考中举人。朱彬妻子刘氏，乾隆五十九年（1794 年）早亡。

随着其子朱士彦、朱士达考取功名、走上仕途，朱彬便随其子奉养，平时淡泊处世，专意于经学研究。他在道光元年（1821 年）撰成《经传考证》，并将宝应地方先贤散佚的诗文辑成《白田风雅》二十四卷，道光四至五年（1824～1825 年），搜集乡贤遗文，辑成《玉山草堂课艺》。他还热心编撰地方志，撰写了乡土书《邑乘志隅》，并为《宝应县志》和《寿州志》的编写做出了贡献。此外，朱彬一生中的学术水平最高的著述《礼记训纂》也是他在晚年穷尽 30 年的研究，终编撰而成。③

朱彬生活于嘉庆、道光年间，又是扬州宝应人，他的治学方向也属于

① 姚再儒：《朱彬学术成就与学术思想考述》，硕士学位论文，华中师范大学，2008。
② 姚再儒：《朱彬学术成就与学术思想考述》，硕士学位论文，华中师范大学，2008。
③ 姚再儒：《朱彬学术成就与学术思想考述》，硕士学位论文，华中师范大学，2008。

这一时期的扬州学派，推尊宋学，兼采汉学，注重实事求是、经世致用。[①] 早年的朱彬便同扬州学派的诸多名家亦师亦友，切磋学问。墓志云："同里刘端临先生台拱以经术名于时，公与相砥砺，同为训诂、声音、文字之学。年十八，补诸生。与高邮贾稻孙田祖、李孝臣惇、江都汪容甫中诸先生为友，皆闳洽才而钩贯经史。"刘台拱（1751—1805），字端临，一字江岭，宝应人，著名训诂学家，也是朱彬的表兄，两人关系尤为亲密。[②] 李惇（1734—1784），字成裕，号孝臣，高邮人，著名经学家，以考证先秦文献和历算知名。[③] 贾田祖（1717—1777），字稻孙，高邮人，通《左氏春秋》，有《春秋左氏通解》。[④] 因此，朱彬的学术走的也是通经博史、博采众长的扬州学派的路子，不皓首穷经，也汲取新史料，如朱彬于乾隆四十八年（1783 年）射阳平家庄双墩发现了射阳石门画像，引领了全国学者数十年间对此汉画像石研究论证的风潮。[⑤]

后来，他随子奉养，在京城和外地居住，仍然同一些知名学者长期交往。墓志云他与"王观察石臞、邵学士二云、范光禄叔度三先生以文章道义相爱重。""王观察石臞"即王念孙（1744—1832），字怀祖，自号石臞，江苏高邮人，做过山东运河道、永定河道（官职别称为观察），著有《广雅疏证》《读书杂志》，与其子王引之并称"高邮二王"，清代第一流的经学家。他曾为朱彬的《经传考证》作序，认为此著"根据注疏而参以后儒之说，使读者饮水而知源，实事以求是，洵为酌古准今之作，有功经学甚巨"[⑥]。"邵学士二云"即邵晋涵（1743—1796），字与桐，号二云，又号南江，浙江余姚人，曾任侍讲学士，清代著名史学家、经学家，《四库全书》中"史部"的主编，参与编纂多部清代官修典籍，著有《尔雅正义》。"范光禄叔度"即范鏊（1743—1802），字叔度，号摄生，顺天府大

① 张舜徽：《清代扬州学记》，广陵学社，2004，第 44 页。
② 蓝瑶：《朱彬交游考述》，《文教资料》2007 年 3 月号上旬刊。
③ 蓝瑶：《朱彬交游考述》，《文教资料》2007 年 3 月号上旬刊。
④ 程希：《扬州学派名家朱彬交游补考》，《天中学刊》2018 年第 3 期。
⑤ 朱彬：《游道堂集》卷四《平家庄石阙记》，民国五年（1916 年）刊本。
⑥ 王念孙：《与朱武曹书》，载刘盼遂辑校《段王学五种·王石臞文集补编》（《丛书集成三编》），新文丰出版公司，1997 年影印来熏阁书店排印本，第五十七册，第 22 页下。

兴（今北京）人，原籍江宁上元（今江苏南京），官至光禄寺卿，学者。朱彬同清代嘉庆、道光年间的诸多知名学者交游切磋，[①] 因为道光年间全国学者中朱彬年长学高，故墓志赞誉朱彬为"儒林丈人"。

据墓志，朱彬殁于道光十四年（1834 年）正月甲午，享年 82 岁。生前，因为朱士彦居官显贵，朱彬享受一些荣誉称号，先后有光禄大夫、内阁学士兼礼部侍郎加三级，卒后皇帝依例封赠光禄大夫、吏部尚书，也算是对生前仕途不进的朱彬一丝抚慰。

2. 朱彬子孙

朱彬身后能获诸多哀荣，与其长子朱士彦有直接关系。

朱士彦（1771—1838），字休承，号咏斋，嘉庆七年（1802 年）朱士彦以一甲第三名考中进士，钦赐"探花及第"，授翰林院编修，从此走上仕途。朱士彦曾任宫坊讲读学士，詹事府少詹事，入上书房为皇子即将来的道光皇帝之师。嘉庆二十五年（1820 年），升内阁学士兼礼部侍郎，道光二年（1822 年）迁兵部右侍郎，后转升左都御史，擢工部尚书，充经筵讲官，道光十三年（1833 年）晋吏部尚书，道光十八年（1838 年）秋，卒于任，年 68 岁。朱士彦殁后，道光皇帝钦谥"文定"，赏太子太保，建祠于宝应嘉定桥桥东。《清史列传》卷三七有《朱士彦传》[②]，述其生平。道光十四年朱彬殁后，皇帝对他的封赠，可谓皇帝为吏部尚书朱士彦的褒奖。

次子朱士达（1776—1854），号恕斋，嘉庆二十二年（1817 年）进士，先后署安徽黟县知县、南陵知县、霍山知县，授怀宁知县，后升任寿州知州、凤颍捕盗同知。道光九年（1829 年），任凤阳府知府，后署庐凤道。道光十三年（1833 年），署徽宁池太广道，旋授广西左江兵备道。道光十六年（1836 年），授云南迤东道。道光二十年（1840 年），任四川按察使、陕西按察使。道光二十二年（1842 年），任湖北布政使，咸丰四年（1854 年）卒。其生前诰授资政大夫，死后晋赠光禄大夫，著有《知足知

---

① 程希：《扬州学派名家朱彬交游补考》，《天中学刊》2018 年第 3 期。
② 王钟翰点校《清史列传》卷三七《朱士彦传》，中华书局，1987。

不足斋诗文集》，主修过嘉庆《寿州志》。① 朱士达子朱念祖（？—1865），号集之，署陕西佛坪厅同知，历任邠州知州、乾州知州，后任道台，诰封中议大夫，晋赠光禄大夫。

三子朱士廉（1785—？），道光十三年（1833 年）进士。宝应朱氏"一门三进士"传为佳话。朱彬殁后，他才正式开始官宦生涯，历任直隶武强知县、山西石楼知县、代州知州、河南固始知县，升同知。②

幼子朱士辨（？—1826），国子监生，早卒。由于朱士彦的关系，他被追赠奉直大夫、大理寺寺丞，加一级。

据墓志，朱彬尚有两女，长女嫁给了大兴廪贡生、江西候补府经历范承英，次女嫁给了山东济东泰武临道台陈嘉树。生平皆不详。

宝应朱彬家族自明代成化年间直至清光绪三十一年（1905 年）颁诏废科举为止，才学名登科第者逾百人。其中进士 7 人、举人 25 人（次）、贡生数十人，前后十五代秀才、举人不断，世称"二十世诗书门第，五百年忠厚人家"。③ 据《清史稿》《清史列传》《清史稿艺文志拾遗》《中国古籍善本书目》《清人别集总目》《清人诗文集总目提要》《江苏艺文志·扬州卷》《宝应县志书目校补》等约略统计，宝应朱氏家族有著述可考者有 73 人 275 种之多。④

3. 撰志者

朱彬墓志的撰文者也是当时的一位高级官员朱为弼。虽然同是朱姓，他跟宝应朱氏没什么家族关系。朱为弼（1770—1840），字右甫，号椒堂，又号颐斋，浙江平湖人，嘉庆十年（1805 年）进士，授兵部主事，迁员外郎，先后为河南道监察御史、礼科给事中、顺天府丞、顺天府尹、通政司副使、太常寺卿、宗人府府丞、都察院左副都御史等职务。道光十三年（1833 年），朱为弼擢升为兵部右侍郎、权仓场侍郎，寻实授总督仓场侍郎、工部左侍郎，道光十四年（1834 年）任漕运总督，驻节淮安。道光十

---

① 朱庆裴：《朱彬先生年谱》，中国科学文化出版社，2015，第 48 页。
② 朱庆裴：《朱彬先生年谱》，中国科学文化出版社，2015，第 94 页。
③ 朱庆裴：《宝应朱氏世代事略》，时代文化出版社，2011，第 1 页。
④ 程希：《明清宝应朱氏家学研究回望与前瞻》，《安阳师范学院学报》2018 年第 1 期。

五年（1835 年），朱为弼辞官归乡，道光二十年（1840 年）辞世。朱为弼通经学，在金石学上尤有建树，著作有《蕉声馆诗文集》《续纂积古斋彝器款识》《吉金文释》《钮经堂集》《古印证》等。《清史稿》有《朱为弼传》。①

道光十四年正月，朱士彦于父亲朱彬病殁后，即请朱为弼为其父撰墓志。古代达官显贵延请同僚为其家人撰写墓志铭是世代不易的传统，朱士彦为道光皇帝老师，是年官至吏部尚书，而朱为弼尚在总督权仓场侍郎任上，官署在北京城东通州，不在京城，因此朱士彦修书给朱为弼，即墓志所云"尚书寓书乞铭墓文"。朱为弼既与朱士彦同姓，又同僚，又是浙江嘉兴府平湖县人，与朱彬故里江苏扬州府宝应县地近，也是"江浙同乡之谊"。故朱为弼为其撰文。

为朱为弼所撰朱彬墓志书丹，即书写以供刻工刻到志石上的写样的是史谱。史谱（1776—1837），字琴堂、荫堂，号荔园，山东乐陵人，乾隆五十七年（1792 年）进士，历任翰林院庶吉士、翰林院编修、浙江道御史、监察御史衔分巡台湾兵备道、浙江盐运使、江西按察使、云南布政使、陕西布政使、护理陕西巡抚等。道光十二年（1832 年），史谱任陕西巡抚，后任兵部右侍郎兼管河北总督巡抚事、兵部左侍郎，道光十六年（1836 年）致仕归里。② 史谱是嘉庆、道光年间知名的书画家，与朱士彦又为同僚，为其父墓志撰书，自然不在话下。

古代墓志一般分为两半，志铭多为方形，上覆方盖，盖上一般篆书墓志题名。朱彬墓志盖的篆书者为程恩泽。

程恩泽（1785—1837），字云芬，号春海，安徽歙县人，嘉庆十六年（1811 年）进士，选翰林院庶吉士、授翰林院编修，后值南书房，历官贵州学政、湖南学政、国子监祭酒、侍读学士值上书房、内阁学士。道光十四年（1834 年）授工部侍郎，调户部侍郎。程恩泽是嘉庆、道光年间的知名学者，熟通六艺，善为考据，工诗赋，倡导推崇宋诗，与阮元并为嘉

① 赵尔巽等：《清史稿》卷三七六《朱为弼传》，中华书局，1977。
② （清）杨士骧、孙葆田等：《山东通志》卷一七一《人物志第十一·史谱》，上海商务印书馆，1934 年影印，第 4945 页。

庆、道光年间儒林之首，著作有《国策地名考》《程侍郎遗集》等。《清史稿》有《程恩泽传》。① 程恩泽在道光十四年为内阁学士，与朱士彦为当朝同僚，又是知名学者，为朱士彦父亲篆书墓志盖自然有求必应。

检阅史料，可知朱士彦与朱为弼嘉庆初年曾入宣南诗社。诗社成员多为南方各省在京的有功名的中下层年轻官员，前后有近 70 人，他们的诗作不仅"润色太平业，歌咏同朝美"；而且关注国计民生，倡导经世致用。程恩泽、朱为弼、朱士彦等人同陶澍年纪、阅历相仿，后来他们也做到了总督、尚书、侍郎等位极人臣的位置，他们早年在北京宣南诗社结下的友情也一直延续下来。② 所以朱士彦为其父朱彬墓志之事，请好友朱为弼撰文，程恩泽录盖，请另有私交的书法家史谱书丹，也是他的深思熟虑。

三 墓志相关史实考证

朱彬的墓志虽然也是地下出土文物，不过其文字内容，多部《宝应县志》及相关文集皆有著录，因此对朱彬生平事迹的补证有限。不过，根据墓志并结合相关文献，我们还是能对朱彬墓选址和某些生平事迹做一些考证。

1. 朱彬墓为何不在宝应而在盱眙

朱彬是宝应人，为什么他的墓志现在存放在盱眙县呢？原来这与朱彬墓埋葬的地理环境和时间有关。

关于朱彬墓的位置，民国《宝应县志》卷三一《古迹》有载："封吏部尚书朱彬墓，在龙首庄"。③ 另据该志卷一《建置沿革·铺舍》："龙首庄，在县北，去城十五里。"④ 可知，后世《宝应县志》编纂者把其墓葬误标为宝应县城北。而据出土墓志文字，可明确知其墓应在"盱眙县小云山上石罗圈"。小云山，清代为盱眙县地。光绪《盱眙县志稿》卷二《山

---

① 赵尔巽等：《清史稿》卷三六〇《程恩泽传》，中华书局，1977。
② 陶用舒：《陶澍与宣南诗友》，《湖南城市学院学报》2009 年第 1 期。
③ 冯煦等：民国《宝应县志》卷三一《古迹·封吏部尚书朱彬墓》。
④ 冯煦等：民国《宝应县志》卷一《建置沿革·铺舍》。

川》载："小云山，治东南。"① 小云山东数里便是云山，即宝应县界。②
朱彬墓志藏于盱眙县城第一山，它应是在1949年以后从今盱眙县马坝镇东
阳社区西北、云山村西的小云山在农村建设中出土的。

古代两县交界，界线并不明显，土地犬牙交错，如云山，为盱眙、宝
应界山，在万历《帝里盱眙县志》、乾隆《盱眙县志》、光绪《盱眙县志
稿》和万历《宝应县志》、道光《重修宝应县志》、民国《宝应县志》中
均有细致介绍，宝应还把"云山远翠"列为"宝应八景"之一。

大云山、小云山和青墩山是盱眙、宝应之间平原湖荡地区周边难得的
高丘，西汉前期大云山为江都王刘非陵园，秦汉时期大、小云山南的东阳
城是县级城邑，因此汉代以降大、小云山周边墓葬就很多。清代的宝应县
整体上处于里下河平原和淮河入江洪水走廊中，即使是庐墓也多受洪水之
患，这在古代传统风水文化中，实乃大忌。因此，清代宝应、高邮等里下
河低洼地区的世家大族，存在着将祖墓埋葬于地势高亢、远离水患的天
长、盱眙、六合等相邻地区的情况。如高邮经学世家王安国、王念孙、王
引之祖孙三代并没有葬在高邮，王安国墓在今天长市石梁镇石龙村，王念
孙墓在今南京市六合区冶山镇东王社区，王引之墓在今天长市金集镇谕兴
社区。③ 高邮全县地势卑湿，而宝应也唯有西南云山一带不受黄淮水灾，
家族墓地选择于小云山，朱氏为宝应经学世家、官宦望族，朱彬祖墓也埋
葬较远，应该是同高邮王氏家族一样的考量。

据民国《宝应县志》卷三一《古迹》记载，朱彬子朱士彦墓位于县内
松袁庄，朱士达墓位于宝应湖西（今金湖县境内），后迁扬州府甘泉县
（今扬州市广陵区、邗江区西北一带），朱士达之子朱念祖墓在县内栢西沈
家庄。④ 松袁庄在宝应城北十里处，"田高下适均皆丰腴产"，沈家庄在栢

---

① （清）王锡元等：光绪《盱眙县志稿》卷二《山川·小云山》，清光绪二十九年（1903
年）增刊本。
② （清）王锡元等：光绪《盱眙县志稿》卷二《山川·云山》。
③ 陶敏：《高邮王引之墓碑在天长找到了 祖孙三人的墓都葬在这一带》，《扬子晚报》2016
年6月2日，第12版。
④ 冯煦等：民国《宝应县志》卷三一《古迹·墓葬》。

沟附近，在宝应城南五十余里处，地近高邮界首镇。① 可见朱彬子孙中朱士彦、朱念祖等墓散落宝应县境，朱士达墓远迁地势较高的扬州近郊，均是考虑"择高地、避洪水"的结果。朱士彦、朱士达、朱士廉等家族各支于宝应城中有朱氏家祠，以尽哀思。

2. 朱彬墓志中对其"回护"之辞一例

墓志文多为溢美之词，对墓主人生平有回护、有遮掩，也是传统文化的一个方面。朱彬大半生持家自居，多跟学者交游，未深涉官场，但是其长子朱士彦深居高位，他也难免牵扯到政界是非之中。如墓志载："尚书视学三省，公尝就养，日偕幕中友阅文。每届试，尚书监于堂，公阅竣，付尚书定去取，曰：'吾不侵汝职也。'"据其他史料可知，这里提及的是关于朱彬的一桩公案。

道光六年（1826 年），朱彬长子朱士彦视学三省，督浙江学政。朱彬自次子朱士达处，前往浙江就养。由于朱彬私自参与阅卷，朱士彦遭到了御史钱仪吉的弹劾。

《清史列传》卷三七《朱士彦传》云："六年七月，御史钱仪吉以士彦任性错谬，列款劾奏，上命程含章详细确查。八月，覆奏：'查明原参各款，有并无其事者，有事出有因而未尽实者。该学政考规整肃，取士公平，任劳任怨，系属实心任事之人。'得旨：'浙省士风轻薄，朕所夙知。该学政遇事整肃，原无不合。惟伊父朱彬迎养到浙，只应在署居住，不应随棚阅卷。若亦帮同校阅，岂不与干豫公事者无异？试院演剧，虽系场事全竣，亦不应漫无关防。至生童剿袭旧文，及字画错讹，原应豫行出示晓谕告诫，究不宜出题割裂句读，取进后辄予掌责，致滋物议，着交部议处。'"②

清代对于科举考试制度严格，朱彬虽然是知名学者，也是时任浙江学政的父亲，但是从制度上说他不是朝廷任命的阅卷官，无权阅卷。道光皇帝阅览御史弹劾折子后派程含章专门调查核实，最后结论是"事出有因而

---

① 冯煦等：民国《宝应县志》卷一《建置沿革·铺舍》。
② 王钟翰点校《清史列传》卷三七《朱士彦传》。

未尽实"。道光皇帝信任朱士彦，但是也特意作了一段批示，敲打朱士彦父子，不要让朱彬随意"干豫公事"。朱彬功名只到举人，道光六年已过七旬，见其子在浙江主考乡试，未尝不是年长自负而体验一下当"考官"的感觉。所以一辈子任性这么一次，就给自己惹来麻烦，故这件事情对朱彬打击很大。在与王念孙的书信中，朱彬抒发了自己的心绪："在浙一年，人士绝无慕古者，遽挂弹章，又遭幼子之丧，心绪无赖。今年四月，束装诣寿春，其俗刁悍，不可久居。将于明春返里，从此息影埋头，不复作远游之想矣。"① 从墓志文字看，朱彬是一位性情耿直、生活简朴之人，"性峻洁，人不敢干以私。面折人过，或见辞色，能改则已。坦然大公，畏而可亲。自奉以俭，勇于为义"。平时居家也是小心谨慎，"家居杜门，笃行自守，未尝一干有司"，不结交权贵，"简淡寡交游，尝居京师，足不履贵人门"，却以学问自持，乐意与王念孙、邵晋涵等经学家、金石学家交游。所以，这次擅自阅卷被御史弹劾、皇帝批评，再加上幼子朱士辨早逝，对朱彬的心境是一次沉重打击。其后，朱彬便返回故里，其《礼记训纂》等著述均为最后数年所完成。

　　因此，像朱彬这样清代江淮地区的文化名人，我们应该多从现存文献和稀见的墓志文物等材料出发，在厘清人物生平的同时，进行一些研究考证，这对于我们丰富和了解古代盱眙、宝应等江淮湖运地区的历史有着积极的意义。

---

①　朱彬：《与王石臞书》，载刘盼遂辑校《段王学五种·王石臞文集补编》（《丛书集成三编》），第五十七册，第21页下。

淮扬历史与文化

程善之和其《洪可亭先生家传》

吴善中[*]

吴善中*

摘　要： 程善之是民国时期著名的文学家、报刊时评专家，洪兰友是国民党党务要员。程、洪两家侨寓扬州多年，世代通过同乡、师生以及姻亲关系，彼此体惜，相互奥援，以期最大化地获取社会资源和利益。《洪可亭先生像赞、家传》特别是其中的《洪可亭先生家传》，对研究国民党官场生态、官绅关系以及扬州地方史提供了不可多得的史料。

关键词： 程善之　洪兰友　《洪可亭先生像赞、家传》

程善之（1880—1942），祖籍安徽歙县，出生于扬州，是民国时期著名的文学家、报刊时评专家。早年加入同盟会，追随孙中山参加"二次革命"和护法运动，任广州大元帅府评议，主编《中华民报》。程善之也是南社重要成员。程家世代簪缨，诗书传家，是歙县、扬州的名门望族。扬州文史界学者很早就关注程善之其人。董玉书《芜城怀旧录·补录》中有"程善之"条；① 杜召棠《惜余春轶事》②、刘梅先《扬州杂咏》也有"程善之"的记载。③ 特别是程善之的扬州弟子凌绍祖《〈惜余春轶事〉读后记》一文，较翔实地介绍了程善之的生平与性情。④ 程善之的另外两位扬

---

* 吴善中（1963— ），江苏金湖人，中国会党史研究会副会长，扬州大学社会发展学院教授。

① 董玉书：《芜城怀旧录》，江苏古籍出版社，2002，第191页。
② 杜召棠：《惜余春轶事》，广陵书社，2005，第18页。
③ 刘梅先：《扬州杂咏》，广陵书社，2010，第42页。
④ 杜召棠：《惜余春轶事》，广陵书社，2005，"附录"，第19页。

州弟子洪兰友、袁义勤也有评介乃师的专文。[①] 当代扬州学人肖维琪、顾一平、黄继林也写过程善之的传记。[②] 需要强调的是，近年甘肃省陇南师范高等专科学校青年才俊唐海宏不辞辛劳，钩沉提玄，写成《南社成员程善之家世、生平考述》《南社成员程善之著述年表》，对程善之生平、行迹和著述的研究，贡献尤多。

　　民国时期的报刊如《申报》《大公报》《立报》《新闻报》等，有一些关于程善之活动的报道，这些报道迄今还未见有学者利用。如，1948 年 1 月 29 日"无名氏"在《立报》"副刊"栏发表《一代名流与明月共终古：程善之埋骨平山堂》的报道，客观、简约地介绍了程善之的一生。

　　　　报载江都程善之先生，经苏省参议会决议公葬于扬州平山堂。前日，在沪亲友、及门弟子聚会，到洪兰友、叶秀峰、赵棣垞、包明叔、魏小辅等二十余人，当场捐助公葬费三亿余元。善之先生可以不朽了。

　　　　程先生在苏北文人中是参加革命最早的一位，惟始终在文字方面而致力，与报纸结缘尤深。民初民党同志所办之《民权报》《生活日报》《民国日报·副刊》，皆有程先生作品。以其认识中山先生也，比戴季陶、邵力子、叶楚伧等为早，但不曾由党而官，永远不离文化岗位，晚年主笔政于《新江苏报》，卒以三十一年办理报社内迁事宜，劳瘁过度而逝世。

　　　　在辛亥革命前后，与民党沆瀣一气的文人中，有两支隽逸之笔，一为苏曼殊，一为程善之。两人之文字，皆娟秀绝伦，冲淡无比，如曼殊的《断鸿零雁记》，善之的《倦云忆语》，皆是别具一格的妙品，三十余年来尚无人能望其项背。这大概与个人的身世有关。曼殊以日籍之母嫁华籍之父，不幸乃父又早谢世，遂致伶仃孤弱，备历辛酸；

---

① 洪兰友：《程善之》，载《革命人物志》第 10 集，1972，第 468 页；袁义勤：《忆程善之先生》，载《扬州文史资料》第 10 辑，1991，第 40 页。

② 肖维琪、顾一平：《南社中的扬州人》，邗江印刷厂，1991，第 15 页；黄继林：《程善之》，《扬州晚报》2009 年 3 月 7 日。

善之的身世正复相类。善之尊人桓生先生，本徽州歙县人，以官两淮盐政使而纳簠室，生善之，善之未及成年，老父即归道山。徽人封建思想最重，嫡庶之分甚严，母夫人无意旋徽家以长成者，其身世之凄婉，与曼殊相同。

善之因母之故，遂以江都为籍贯，而平生对扬州特别爱好，中年曾执教扬校有年，赵棣华等皆其高足。今日以平山堂为公葬之地，一代名流，与梅花明月相终古，善之先生当含笑九泉矣。

学界过去除致力钩稽程善之生平事迹之外，对其文学创作方面的成就也进行了卓有成效的研究。尤其是对其创作的《残水浒》，相关研究成果更多。但程善之先生还是一位著名的报人、时评专家。正如"无名氏"在上文所说，程善之一生"与报纸结缘尤深"，不仅其作品如《残水浒》等多发表于报纸，而且，他本人早年任《中华民报》编辑，后来又长期主笔于《新江苏报》。程善之还是一位时评政论高手。《新江苏报》社长、扬州仪征人包明叔评价程善之先生的政论时评"不挟成见，无论褒贬谀讽，皆推以事理，衡以人情，发乎中形乎外，无丝毫客气夹杂于其间，可为政治借镜，可为教化规箴"；说他的政论文笔"浑厚醇朴，警辟入微，刚柔并用，举重若轻。慷慨之处，可泣可歌，是先生幼时严守文章家法、学养所致，非可一日跻及"①。对程善之在报业新闻、政论时评方面的成就和贡献，学界着力不多，研究成果有限。

值得一提的是，1934 年《新江苏报》创办六周年之际，社长包明叔"承远近读者见嘱"，出版了"新江苏报六周年纪念册"——《程善之先生时评汇刊》，汇集程善之所撰写的时评政论 300 篇左右，前有包明叔《序》、程善之《自序》，末附"（程）善之自白"，共 176 页。该汇刊是研究这一时期程善之政见和思想的重要资料。

洪兰友是程善之的同乡、亲戚和及门弟子。作为炙手可热的国民党党务要员，1944 年，洪兰友在重庆出版的由国民党党史会纂辑的《中国国民

---

① 《新江苏报》编印《程善之先生时评汇刊》，《新江苏报》印刷，1934，第 1 页。

党五十周年纪念特刊》上发表《程善之》一文，"彰潜德而阐幽光"，高度评价了程善之在辛亥革命及后来抗日战争中所从事的革命宣传工作，强调"先生生平，自始至终，皆以效忠本党，尽力革命为职志"。这是迄今仅见的论及程善之政治思想及其实践的文章。

洪兰友的父亲洪可亭，"早岁习商，遂佐商人治鹾运"，奔走盐商门庭，虽有清望，但毕竟只是盐商辅佐。然而，父以子贵。1936 年江都县县长马镇邦聘年迈的洪可亭为江都县救济院院长。翌年 5 月底，洪可亭逝世。1937 年 6 月 1 日上海《大公报》登载《追悼院长》一文：

> 扬州、镇江人士，30 日追悼院长，开会追悼中委封翁江都县救济院长可亭先生，苏省党部常委周绍成主祭，程善之报告生平事略，余井塘①等赶来参加。

洪可亭去世后，其子洪兰友编有《洪可亭先生像赞、家传》。所收录的洪可亭遗像赞辞均为国民党政要亲笔书写。这些政要有林森、蒋介石、汪精卫、于右任、戴季陶、孙科、居正、覃振、叶楚伧、陈果夫、王用宾、焦易堂、陈立夫、王柏龄等 14 名。林森题"羲方式训"；蒋介石题"风范永存"；汪精卫题"清明在躬，俭而能广，羲方所垂，式此精爽"；戴季陶题"敬恭桑梓，救济是职，教子成名，扬声党国"……给足了洪兰友脸面。《洪可亭先生像赞、家传》不为人所知，扬州大学图书馆藏有复印本。该书对研究国民党的官场生态、官绅关系和扬州地方史有重要价值。现将其中程善之撰写的《洪可亭先生家传》抄录于下，供同人研究参考。

洪可亭先生家传

同邑程善之敀撰

君名邦源，字伯渊，可亭其别字也。洪氏世为皖歙大族，居歙县

---

① 余井塘（1896—1985），扬州兴化人，时为国民党第五届中央执行委员会委员，江苏省民政厅厅长。

之岩寺镇。洪杨之役，君父丽川先生挈家避兵，遂以醝尹需次淮南，因家焉。

丽川先生有隐德，邃于医，尤妙解妇女小儿体气。先考之罢官居扬，膝下孙曾以数十小疾，得丽川先生一诊视，辄霍然。家中相传，得洪老太爷一抚摩，不安者自安，无须药也。善之幼年弱甚，数患头眩鼻衄，医者咸虞不及成人。九岁，丽川先生来诊，切脉良久，目注善之面无语，已敛手，告先考曰："此儿脉绵而韧，三阴脉耳，善调治，可强也。"旋与先考作细语，不可辨。顾善之一笑，起行及门，还顾先妣："适几忘之，鼻衄不妨事。蒸梨食之，尽梨二石，愈矣。"先妣如言，饲善之梨百余日，头眩鼻衄不复作，遂订姻洪氏，先生侄女也。

两姓故通家，婚既订，岁时相往来。善之幼尝以学文，得先考奖励，窃喜自负，视内兄蔑如也。君长善之五岁，善之十二、三，辫发红组，熙熙跳跃，睹君风度凝重，不苟言笑，异之，不敢亲，既久，问相语，则又大服。年渐长，先考既殁，支持家庭内外，值不能解决事，往往就商于君矣。

君早岁习商，遂佐商人治醝运。方清光绪中，淮醝号衰敝矣，商人犹承平故习，饮博妓乐，乃至鸦片招邀，欢宴辄连日夜，君萧然无所与。然于盐政利病与民生之关系，研究至悉。公文上行下逮者，类别手抄，积稿盈尺，条分缕析，自加评注，其体例近大学讲义。每盐商就公所议事，各抒所见，议论纷起，君顾旁听无语，盖深知时会未至，留以有待，取儒者言足以兴、默足以容态度。又好治算术，得宣城梅氏书，甚耽之，尝置案头，人亦莫测所至也。

拳匪构衅，平津醝商多效欧美人口吻，肆情诋諆，君顾愀然曰："此亦为国致死，不可厚非。"一座皆嗤之，君不为意，其拳拳于国家种族者如此。

善之少而狂躁，好谈国事，而不能治家，既迭遭内难，君之所以阴为排解调护者甚至，善之或不尽知之，而未尝不默喻其意，盖君于宗族姻亲，无论疏戚，皆望其协比敦洽，即不获已，亦冀互谅，其难言之隐，勿发挥过当，即无赖不逞者，百出其技，君皆能识其狡狯，而随事折之，俾丧气以退。

善之读《民报》，知海外消息与民党宗旨，服膺中山先生学说，数与友人言之，因以宣传革命，为满吏所闻，缇骑且至，君偕友人许佩芳入见先姊，告之，故先姊曰："吾以此子相托付矣。"遂偕善之出，微雨，张盖遮面。善之因去之江南。会事解，返见君，无几微德色也。

君在商人中二十余年，自俸给外，介然无所取与，然所以奉丽川先生者，蒸蒸色养，能使先生忘其贫居；常教子兰友、女竹友、松友，能因儿童心理而善道之，皆为端人。兰友且以才识，致通显世，遂以封翁推君，君夷然不屑，谓为国民者，各有应尽之义务，在老而自逸，非君子所尚也。亲友中吉凶宾嘉，君为主办，未尝衍于仪文。先姊之丧，善之苦块中莫知所为，君至，则立处分奔走，使令之人，皆秩然就范，其后君病不能至，执事者秉君成规，终事无紊。善之于今思之，涕潸然矣。

民国二十五年，邑侯马公聘君为江都县救济院院长，于是君年六十二，既就职，晨八时入，十二时退，午后二时入，五时退，举纪念周之仪，行朝会之制，皆前此所未有也。救济院统辖育婴、施医、游民、感化等，彰彰者共七事，分所遍全县。昔人以为慈善事业，宜本忠厚之意，不加稽核，诸好善者所资助，产业日益多，因地制宜，各自为政，过去之历史使然，因循不改，骤加综合，难于就范，即政府未始不知也。欲以法令革新之，马邑侯谂知其难为，老成持重而具新时代精神者，莫如君，故君固辞，不获命。

政府功令凡簿计表册，咸用国定公式，旧执事者，皆不能中程，君面命耳提，不啻师弟子，其终不能领悟者，则曲意慰喻，期于体会而后止，未尝轻有去留也。救济院之岁入计产业当足以自给，而以分立之故，财力不能集中，会计出入不得准的，君则首立金库以统一而归纳之，各所统收统支，外来之款不得擅自出纳，于是，一岁之预算，乃可定矣。又以院属产业，田为大宗，而契串散乱，或辗转经人手，佃农或有领字，或无，不可究诘。既以数月之力，厘而正之矣。乃议清丈，清丈临时费虽巨，而岁入必大增。当所费有余计划，行就绪矣，而患作。

君自六十以后，冬月感寒必病咳，春暖则自愈。兰友既参国政，不得朝夕视膳，妇李兰能代子承欢，君亦爱之如子。然每欲以珍贵补品进探，君辞峻，辄逡巡不敢。君既尽瘁所职，其劳苦有少年所不能堪者，年老气血耗益，不可支比。少间，闻陕西张杨之变，感愤殊甚，已而族兄悌丞先生病殁，君临丧大恸，疾遂亟。然犹自支振，日倚几坐，与同人讨论救济院所当因革者不少倦，其大规划之有关业务者，则以为救济院既综合若干种事业为一，斯办法亦宜一贯，既成就人才，且省经费，譬如救济所女使，受保姆训练，即可为育婴堂看护；乳婴在外者稍长，可收回建幼稚园及小学，以教育之。院产多田，若贫儿习艺所改治农圃，建农业小学，不患无实习所，更进则改游民感化所为惠民工厂，俾成人者，亦得所凭借以维生活。他若施医局，则县立医院可以并入，而其地可改为施放所，以其款供恤嫠施棺之用。其关于事务者，拟组织设计委员会以策进行；审核委员会以资稽考；购置委员会以定用途。皆聘地方公正人士任之。院中执事，人受其成焉。其日用之品，亦拟设合作社以济供求。章程初具，而君以民国二十六年四月二十二日卒于里第。

卒之前一日，召院中同人详语诸事，以备交代，迄殁，语不及私，惟命兰友，所女衣服有未备者，解囊济之，勿以支公款。任事甫周一岁，例院长月支夫马费，君皆以津贴同人之薪给微薄者，丝毫不以入己。君律己严，待人厚。善之交君四十年，未尝见君轻喜易怒，以为能养气，当享大年，而寿止于六十三，平生才志，垂老乃得小试，又不得竟其能，救济院苦费绌，经君整顿，其殁也，余国币万元，世以此多君，呜呼！君之才，讵止此哉？

论曰：吾闻丁监察使超五①过扬，入救济院，见君所布置，肃然起敬，以为得未曾有，君欿然谓："徒收分而已。"亲友中有欲以君所规划载之新闻纸者，君则谢之曰："是太早，吾患行不掩言耳！"其器识宏远，有如此者，岂一乡一国之善士已哉！

---

① 丁超五（1884—1967），福建邵武人，时为国民党政府监察院江苏区（包括宁、沪两特别市）监察使。

吴筠孙的殿试卷及其官宦生涯

徐国磊*

摘 要： 吴筠孙（1861—1917），字竹楼，江苏扬州人，清末民初政治人物，是饮誉海外的"吴氏四杰"的祖父。光绪二十年（1894 年）吴筠孙中进士，"钦点传胪，授职编修"。本文对吴筠孙殿试卷的样式、文本、试题、对策等进行了解读，介绍了其读书与官宦生涯，诠释了中国传统知识分子通过科考而仕途进身，追求修身、齐家、治国、平天下的历程。

关键词： 吴筠孙 殿试卷 传胪

吴筠孙 100 多年前获得第二甲第一名（即传胪）的殿试卷现临时保管于扬州市博物馆展厅供后人观瞻。殿试由皇帝亲自主持，在科举考试中规格最高，每位考生的殿试卷在阅卷结束之后，都要被锁在皇宫大内存档。民国初，内阁大库所藏历代殿试卷散出。1917 年，在北洋政府农商部担任主事的吴启贤（吴筠孙的长子）设法通过一名太监购回了吴筠孙的殿试卷。此后，吴氏家族将其作为传家之宝，精心收藏，历经甘苦艰难，于2005 年起临时保管于扬州市博物馆。吴筠孙殿试卷的形式、书法和内容皆有很高的文物价值和文献价值，既表现出吴筠孙出众的才华和学识，是他勤奋和智慧的结晶；又承载着吴筠孙一人及吴氏家族的科举故事，折射出中国千年科举制度的严谨规制、漫长历程和深刻影响，为我们的档案展陈和学术研究工作提供了非常重要的历史档案素材。

＊ 徐国磊，扬州市档案馆馆员，研究方向为地方综合性年鉴和地方文史。

馆阁体书　依制而作

殿试，始于唐时武则天，至北宋初年成为定制。殿试名义上的主考官是皇帝，评阅试卷的官员称为读卷官。殿试卷皆为考生亲笔，不用书手另行誊抄，考官直接阅读原卷。由于殿试卷全文禁止添注涂改，应试者欲得高第，除文章写得好外，其书法也起到关键作用。馆阁体是清代朝廷公文的标准楷书书体，强调书写字形、大小、粗细的统一，字体乌黑、方正、光洁。清朝历代皇帝一向注重楷书，在乾隆以后更形成风气，嘉庆、道光以后，对文字点画等的挑剔也形成风气，甚至到了"抑文重字"的程度。正如康有为所说："国朝列圣衰翰，皆工妙绝伦，而高庙尤精。承平无事，南斋供奉，皆争妍笔札，以邀睿赏，故翰林大考试差、进士朝殿试、散馆，皆舍文而论书。"① 而吴引孙也说道："凡殿廷考试，寻行数墨，规矩整齐，字无错落破体，诗求稳适，便可入彀。余楷字犹人，幸无诸弊，偶得前列，事先不敢奢想也。"② 吴筠孙殿试卷长约3.1米，宽约0.5米。正文竖写，所有的字均为1厘米见方的馆阁体小楷，用毛笔书写的字迹清秀优美、整齐划一，中规中矩，没有一点笔误和多余墨痕，堪比字帖，充分显示出吴筠孙不凡的"临池"功力。

文本内容，依制而作。光绪三十年甲辰恩科（1904年）探花商衍鎏（1875—1963）在《清代科举考试述录》中对殿试卷的规格、形制等做了介绍：试卷格式，第一开前半页写履历三代，文为应殿试举人臣某、年若干岁、系某省某府县人，由附生（或增廪生）应某某年乡试中式，由举人应某某年会试中式，今应殿试，谨将三代脚色开列于后，下开曾祖某、祖某、父某，已仕、未仕，于名下注明。吴筠孙殿试卷与商衍鎏所述一致：卷首有"第二甲第一名"的字样，内侧有"应殿试举人臣吴筠孙，年三十三岁，系江苏扬州府仪征县人"，"光绪十四年乡试中式""光绪二十年会

---

① （清）康有为：《广艺舟双辑·干禄》，载上海书画出版社、华东师范大学古籍整理研究室选编校点《历代书法论文选》，上海书画出版社，2012，第861页。

② 《吴引孙自述年谱》，扬州市档案馆馆藏，档号702-1-214-1384。

试中式"，后附有吴筠孙曾祖父、祖父、父亲姓名。

书写答题时，不抄题目。文章抬头低二字写起，以"臣对臣闻"开头，以"臣末学新进，罔识忌讳，干冒宸严，不胜战栗陨越之至。臣谨对"收尾。第一题以"伏读制策有曰"作起，第二题以"制策有曰"开始，第三、四、五、六题则用"制策又以"四字开始。文内遇有"皇帝""圣怀""圣天子""国朝""圣朝""皇上"等字另行抬头书写。

融古贯今　言之有物

殿试专试对策，内容紧密联系社会现实，包括治国方针、官风吏治、民生民风、漕运河工、儒学经术、士风士习等，既考核贡士经史学术水平以选拔人才，也借此寻求社会治理良策。正如光绪皇帝所说："圣训煌煌，为万世法。兹举河渠之要，经籍之储，选举之方，盐铁之利。揆时度势，酌古衡今。尔多士其扬榷陈之。"①

光绪二十年（1894 年）四月，光绪皇帝在保和殿内主持殿试，首先策问的是水利河渠历史要旨。题目是"治水肇于《禹贡》，畿辅之地，实惟冀州。水利与农事相表里。后汉张堪为渔阳守，开田劝民，魏刘靖开车箱渠，能备述欤？至营都亢渠，引卢沟水资灌溉，能各举其人欤？唐朱潭，卢晖，宋何承矩浚渠引水，能指其地欤？元郭守敬、虞集议开河行漕，其言可采否？汪应蛟之议设坝建闸，申用懋之议相地察源，可否见之施行？能详陈利弊欤？"②。吴筠孙在应答中强调要将治水与农田灌溉相结合，"水利与农事相表里，此诚治河之先务也"。强调要充分发动农民的力量，"臣考周礼遂人治野之法，一夫有遂、十夫有沟、百夫有洫、千夫有浍、万夫有川，蓄泄以时，水旱不患，无在非水利也"。随后，点评了历代治水的可取之处，进一步强调治水的重点在于疏引，"夫东南地平流迅，土面坚实，水之盈涸也徐，而致溢也甚缓，疏引之功不难见效"③。

---

① 《清实录·光绪朝实录》卷三三九，光绪二十年"四月丁卯"条。
② 《清实录·光绪朝实录》卷三三九，光绪二十年"四月丁卯"条。
③ 《吴筠孙殿试卷句读稿》，扬州市档案馆馆藏，档号 702 - 1 - 214 - 5。

第二道题是关于儒家经典的问题，题目是"汉世藏书，中秘最善，刘向所校，仅名《别录》。至其子歆，始总群书而奏《七略》。传注所引，秩然可征。班志《艺文》，与刘《略》出入者何篇？魏晋以后，郑默《中经》，荀勖《新簿》，体例若何？梁华林园，兼五部以并录；隋修文殿，分三品以收藏。唐承砥柱之厄，始付写官；宋籍建业之余，尽送史馆。此皆册府遗文，可资掌录。明《永乐大典》所收之书，今不存者见于何目？能备举以资考证欤？"①。吴筠孙在应答中高度赞扬了儒家经典的地位和作用，"六经之书，如日月经天、江河行地，古圣人萃其嘉言懿行，良法美意，著之于篇，生千百世后，摭拾旧闻、得所当仰，亦良幸矣"。随后，对汉代至明代的儒家经典发展进行了概述，强调学习儒家经典重在"经世致用"，"夫通经期于致用，非第讲习议论焉已也。果能融会贯通、善师其意，则读《禹贡》可以治水，读《春秋》可以折狱，读《周礼》可以致升平，视沾沾于口耳闻者不诚高出万万哉……善读经者、上探乎制作之精，亦不遗乎传注之学，斯经义共明矣"②。

第三道题是关于选拔人才的问题，题目是"选举为人材所自出。翰林以备顾问，六曹以观政事，县令以司赏罚，三者皆要职也。翰林始重于唐，其时学士出入侍从，参谋议，知制诰，能详其品秩欤？宋儒馆有四，地望清切，非名流不得处。其选用之制若何？六曹，仿自《周官》，秦、汉、隋、唐互有沿革，能陈其异同欤？晋制，不经宰县，不得入为台郎。而后世或缙绅耻居其位，或科甲无不宰邑。岂轻重各因其时欤？抑增重激劝，或得或失欤？"③。吴筠孙在应答中充分肯定了科举制度选拔人才的重要性，"选举为人材所自出，而因举翰林、六曹、县令三者之要职。此实澄叙官方之本也"。随后，对历代选拔人才的制度进行了概述，回答了荐辟人才和科举选拔人才的相互关系。面对"近循资序，未必皆才"的弊端，提出要通过科举选拔出有真才实学的人才，"选举之法，不一不外，名实相副而已。士生斯世，果能诵法儒先，尚何患弓旌束帛之不

---

① 《清实录·光绪朝实录》卷三三九，光绪二十年"四月丁卯"条。
② 《吴筠孙殿试卷句读稿》，扬州市档案馆馆藏，档号702-1-214-5。
③ 《清实录·光绪朝实录》卷三三九，光绪二十年"四月丁卯"条。

下逮乎"①。

第四道题是关于盐政的问题，题目是"盐铁之征，始于管子。论者谓其尽取名利，而行之数千百年，卒不能废。至汉武帝用孔、桑之法，与管子异矣。其时所致盐官二十八郡，铁官四十郡，能指其地欤？终汉之世，屡罢屡复，其年代皆可考欤？唐贞元中，检校盐铁之利，其议发于何人？若第五琦、刘晏、裴休之论，固无足采欤？请引受盐，而商擅利权；禁民贸铁，而官多侵蚀。其流弊能指述欤？"②。吴筠孙在应答中首先回顾了古今盐铁之兴革，辩证地认为盐铁官营、民营各有利弊，"至请引受盐而商擅利权，禁民贸铁而官多侵蚀，流弊殆不可胜言"。面对"谋国计则欲官揽其权，恤民生则欲上弛其禁"的争论，以及"然尽捐之民，则荒本作而草野多游惰之风，尽属之官，则胲民膏而公室有网利之害"的弊端，提出可用税收调整盐政，"欲筹其善，则惟官为厉禁，俾民取之而裁制其税，斯上无壅遏之弊，而下有乐输之忱，则物产充盈，国计民生赖之矣"③。

吴筠孙的对策言简意赅，内容贯古通今、言之有物，书写整洁大方，获得殿试读卷官和皇帝的赏识，从会试第三百零五名一跃中了第二甲第一名。其在殿试卷中阐述的对理学、官风、文风、士习等社会现实问题的意见，引证精到，论说严密，对于研究他的早期思想是难得的第一手文献材料。

勤学苦读　金榜题名

吴筠孙自幼聪颖过人，读书过目成诵。《吴引孙自述年谱》载："弟天资聪敏，甫四岁已识数百字"④。吴筠孙自幼由周太夫人亲自督促读书，在科举上取得成绩与其兄长吴引孙的悉心指导更是密不可分。同治九年（1870年），吴筠孙在吴引孙开设的书塾教馆中读书；光绪三年（1877

---

① 《吴筠孙殿试卷句读稿》，扬州市档案馆馆藏，档号 702 - 1 - 214 - 5。
② 《清实录·光绪朝实录》卷三三九，光绪二十年"四月丁卯"条。
③ 《吴筠孙殿试卷句读稿》，扬州市档案馆馆藏，档号 702 - 1 - 214 - 5。
④ 《吴引孙自述年谱》，扬州市档案馆馆藏，档号 702 - 1 - 214 - 1384。

年），吴筠孙入仪邑学，受知林锡三宗师；光绪四年（1878年），奉母命到北京投奔在京任军机章京的哥哥，吴引孙亲自给弟弟授课。"母命弟随詹希伯太史（嗣贤）来京，随从受教，旋承宗述韩丈（潮）延弟课字。甫到馆，托故辞。家居用功"①。光绪六年（1880年）后，吴筠孙先后就书启馆于黄村陶司马署、宣化郑太守署、天津道季士周观察（邦桢）署内；光绪十一年（1885年），报考同文馆学生，获得第一名，学习法国语言文字。光绪十四年（1888年），吴筠孙在北闱（顺天）乡试中第六十九名，复试二等，成为举人。但随后吴筠孙于光绪十五年、十六年、十八年（1889年、1990年、1892年）三次应会试未中。光绪十六年（1890年），吴筠孙考取总理各国事务衙门章京，奉旨记名。

光绪二十年（1894年），吴筠孙迎来了他人生中的辉煌，先是应会试中第三百零五名贡士，随后在殿试中第二甲第一名，改翰林院庶吉士。在殿试前，吴筠孙因为中会试名列百名以外，想请朝廷授知县，差点放弃殿试。但他的朋友知道他学识渊博，根基雄厚，竭力劝他去参加殿试。那时，距殿试时间还有100天左右，吴筠孙下定决心，废寝忘食，勤奋苦学。经过努力，终于在甲午恩科殿试中获得第二甲第一名。

中国第一历史档案馆珍藏着光绪二十年（1894年）殿试"大金榜"，这张榜单用黄纸墨书书写，以皇帝诏令的形式下达，长达19.26米、高0.825米，是光绪二十年甲午恩科314名进士的成绩单，共有三甲，第一甲有前三名，分别为状元、榜眼和探花；第二甲有132人，第三甲有179人；每个人都注明姓名、名次和籍贯；吴筠孙赫然位列第二甲（赐进士出身）第一名。同科状元（第一甲第一名）为江苏常熟人张謇，榜眼（第一甲第二名）为湖南茶陵人尹铭绶，探花（第一甲第三名）为湖南长沙人郑沅。

殿试作为科举制度下最高规格的考试，既是寒门士子的晋身之阶，富贵者也将其视为宠荣的途径，正如唐代王定保在《唐摭言》中所说，"草泽望之起家，簪绂望之继世"。吴筠孙能位列第二甲足以光耀门楣，实属

---

① 《吴引孙自述年谱》，扬州市档案馆馆藏，档号702-1-214-1384。

不易。据笔者查证，明清两代扬州各县共出了状元 3 名、榜眼 5 名、探花 6 名、传胪 5 名；进士总共合计 593 人，其中现扬州所辖县市区为 393 人，泰州、兴化、泰兴、靖江计 200 人。光绪二十年上榜的扬州籍进士有吴筠孙、扬蔚（高邮、第三甲第八十六名）、管得泉（泰州、第三甲第十四名）3 人。

文如其人 勤慎为政

修身、齐家、治国、平天下是中国传统知识分子追求人生价值和道德完善的最高境界。据《（道光）重修仪征县志》记载，吴筠孙"生平持己以诚，内外如一。于物无所欺，人亦不能欺之。遇事通达敏赡，人所不能决者，以片言决之，裕如也。其服官，以清、慎、勤自矢，始终不懈"①。

学以致用。殿试得传胪后，吴筠孙授职翰林院编修，历任国史馆协修、方略馆纂修、总理各国事务衙门章京，读书但详大义，不为章句学，尤其熟悉中外商约。光绪二十八年（1902 年），吴筠孙随商约大臣尚书吕海寰（字镜宇）、京卿伍廷芳（号秩庸）修商约，因为有功，于光绪二十九年（1903 年）选授河南府，特予简调山东登州府，这在当时是非常罕见的。

重视教育。吴筠孙在地方主政时，建立学堂，培养人才，选拔了一批有真才实学的学员，这些学员的成绩在全省领先。在任济南知府时，山东巡抚杨士骧看重吴筠孙的品学，先后奏奖其功劳，并推荐他兼任提学使（清末省级教育行政长官）。

勤政为民。光绪三十年（1904 年），日俄战争爆发，吴筠孙时任山东登州知府，出见市有日商者，停舆延问曰："此非商埠也。胡至此？"斥之去。② 不久，调任泰安知府，在办理教案时，不偏向洋人，维护民众的利益。光绪三十三年（1907 年），升任永定河道，亲临筑堤现场。光绪三十

---

① （清）刘文淇纂，万仕国整理《（道光）重修仪征县志》，广陵书社，2013，第 908 页。
② （清）刘文淇纂，万仕国整理《（道光）重修仪征县志》，广陵书社，2013，第 908 页。

四年（1908 年），调授天津道，因母亲去世，未莅任。宣统二年（1910 年），简湖南岳常澧道，不久任湖北荆宜道。1911 年，武昌起义后，宜昌和荆州局势动荡，吴筠孙为保护中外商民的身家性命，竭尽所能，独自维持地方治安三个多月。在这期间，地方安居乐业，商业不废，外交无事。辞去任职的时候，荆州百姓泣涕相送。1913 年，吴筠孙应江西省民政厅长官汪撷荀的邀请，入为秘书。不久任赣北观察使，后改任浔阳道尹。吴筠孙在处理政务方面勤政公正，全力维护地方安稳。患病期间，仍然力疾从公，每晚必与城镇守使、关监督、县知事、警厅等开会办公。一天晚上，议罢归寝，突然患头痛，随即痰涌不语，第二天不幸病逝。丧礼之时，同城同僚都前往吊唁，镇守使吴荫卿痛哭流涕；日本、英国领事，以西礼志哀。

《（道光）重修仪征县志》评及吴筠孙一生时，论曰：士由翰苑通显，率以居清閟、登台鼎为职志。公独失资改选，自乐其乐，非纯孝之征欤？然邃商约，明外交，洊升监司，其吏才，诚卓卓矣。而所居皆繁剧，又值难为，卒以从容不迫，人怀去思，虽大用，又何加焉？观于振振公子、振振公姓，益信明德之有后矣。[①]

---

① （清）刘文淇纂，万仕国整理《（道光）重修仪征县志》，广陵书社，2013，第 908 页。

贞烈女子的时代悲剧

——御档载徐氏受辱自尽一案解读

王伟康[*]

摘　要：《清宫扬州御档》载徐氏受辱自尽典型案例，因复见于嘉庆《重修扬州府志》和《平山堂小志》、《平山堂图志》、《扬州画舫录》，影响极为深远。徐氏遭辱忿恚进而自缢，殉于礼教，令人扼腕、深思，无疑是其所处社会的时代悲剧。

关键词：《清宫扬州御档》　　贞烈女子　　《扬州画舫录》

封建社会后期，纲常名教伦理观念逐渐深入人心，以清代为甚。处于底层的良家妇女因受不法之徒的侮辱侵害，为保全贞节清白之身，动辄选择以死抗争的悲剧屡有发生。《清宫扬州御档》第二册就详载了雍正末扬州府甘泉县年仅 28 岁的徐氏由于不堪忍受邻舍储淳调戏而自缢身死一案。嗣后此案始末又见于嘉庆《重修扬州府志》和《平山堂小志》、《平山堂图志》、《扬州画舫录》等诸家志书、笔记文集，产生了不容忽视的深远影响。

少妇徐氏被辱自缢死经过与案审处理

《清宫扬州御档》内一则《题为甘泉县人储淳调戏郭宗富之妻致氏自尽拟绞监候事》云：

---

* 王伟康（1947—），男，扬州市邗江区人，扬州市职业大学教授。

……问得一名储淳，年四十八岁，扬州府甘泉县人。状招淳与先存今被伊调奸致死之徐氏对户而居。窥氏少艾，蓄意图奸。雍正十三年四月十三日，淳知徐氏先在官夫郭宗富外出，惟氏独处，却不合顿起淫念，于下午时候潜入氏室。见氏手缝帽胎，储淳询其价值，氏答以代做，非卖。储淳挨近氏身，正欲用言挑诱，氏即避嫌走入厨房。储淳淫心甚炽，更不合尾随而进，以手捏氏肩上，被氏喊骂，奔逸。经先在官邻佑李文健闻声趋至，氏即告知文健。（健）往问储淳，储淳狡赖。迨后宗富回家，氏诉之前情，欲其鸣知众邻，与淳理论。宗富顾惜颜面，隐忍未言。讵氏心怀愤激，次早乘宗富外出，即用裹脚自缢殒命。宗富归见伊妻缢死，控县。验详饬审究得前情。①

据御档揭示，从储淳调戏徐氏致其羞愤自缢身亡，案发时间在雍正十三年（1735 年）四月十三日下午至十四日早晨。此案前后经郭宗富告状，保正李芳、邻佑王嘉位、知情人李文健报"同前情，各到县据"，"（县丞）即带领吏仵人等亲诣尸所相验"，"徐氏委因自缢身死"，"验毕着令备棺收殓"；复据原在"戏班里抬戏箱"营生的徐氏夫郭宗富和保正、邻佑等人证词及储犯供词，甘泉县知县龚鉴"提犯当堂研审"，案犯储淳招供，签字画押。雍正十三年八月初十日招解到扬州府，知府高士钥提犯研审无异。十月初八日又招解到苏州按察司，按察使郭朝鼎提犯亲审，与甘泉县、扬州府审供相同。十一月二十六日并招解前巡抚高其倬，高当即提犯亲审，将人犯发回保候，供招移交到刑部。总理事务兼总理刑部事务和硕果亲王允礼、议政大臣刑部尚书署理兵部尚书事务都统加三级傅鼐等多位大臣审视合议，确认徐氏遭储淳调戏而愤激自尽的事实清晰，按大清律条，储淳例绞监候，以待秋后处决。但对储犯的结案处理峰回路转，出人意料陡现转机，缘其时正在雍正帝驾崩的八月期间，乾隆帝即位，例应大赦天下。于是此案审结异乎寻常，受到朝廷重视。案犯储淳因朝廷诸大臣

---

① 中国第一历史档案馆、扬州市档案馆编《清宫扬州御档》第二册，广陵书社，2010，第411～421 页。

奉旨"三法司核议具奏",刑部会同礼部、都察院、大理寺等 36 位大臣"会看"案卷,援大赦条例被赦免,"追埋葬银二十两,给付尸亲";烈妇徐氏则被准其"旌表"、"照例给银三十两",由本家自建贞节牌坊,按恩诏定例设灵位于节孝祠内。《清宫扬州御档》该件题奏后部分述道:

> ……甘泉县民储淳调戏郭宗富之妻,徐氏羞忿自尽一案,据署理苏州巡抚印务顾琮疏称:"……屡审(储淳)供认不讳,将储淳依例拟绞监候,援赦免罪等因,具题前来。"据此应如该抚所题,储淳合依强奸未成,但经调戏本妇羞忿自尽者,绞监候。例应拟绞监候,秋后处决。事犯在雍正十三年九月初三日恩赦以前,储淳所犯情罪与赦款相符,应将储淳援赦免罪,仍向该犯名下照例追埋葬银二十两,给付尸亲收领。再查,臣部于雍正十三年九月二十一日将朝审内应赦人犯折奏。本日奉旨:"赦非善政,古人论之详矣。但朕即位之初聿遵旧制,诞布新恩,凡此罪人皆因自取,亟宜改悔永为良民。法司仍宜照例详记档案。如既赦之人再干法纪,朕必将伊等加倍治罪,决不宽贷也。着详悉晓谕中外臣民知之。特谕。钦此。"应令该抚遵奉谕旨办理。再该抚疏称"徐氏守正拒奸,抱忿捐躯,相应附请旌表,以维风化"等语,查定例内"凡妇女(遭)强奸不从以致身死者,旌表"等语,今甘泉县民郭宗富之妻徐氏因储淳调戏羞忿自缢,似兹贞烈洵属可嘉,应照强奸不从以致身死之例准其旌表。令该抚转行该地方官照例给银三十两,听本家自行建坊外,其该县节孝祠内设位之处照恩诏定例遵行。臣等未敢擅便,谨题请旨。

> 乾隆元年七月二十九日(以下刑部等三十六位大臣署名及相关复述略。)

> 乾隆御旨:"依议"。

嘉庆十五年(1810 年),姚文田、江藩等纂《重修扬州府志》卷五六《人物节孝》,亦载徐氏受辱自缢事,情节简要而稍有不同:"郭宗富妻徐氏。宗富担负为生。一日早出,无赖子储淳者瞷其少艾,乘氏涤牏器,于门遽入挑之。徐且詈且避。淳尾后以手拍其肩。氏大叫，声闻于邻。淳乃窜。夫归，具诉其事，夫隐忍未发。诘朝，夫再出，氏忿恚，自缢。死事闻，置储于法。为氏请旌，祀贞节祠。"

《平山堂小志》《平山堂图志》有关记录和转载

值得注意的是，清康乾时期扬州诗坛盟主，著名诗人、地方志专家程梦星（1678—1755）所撰《平山堂小志》，与乾隆三十年（1765 年）时任两淮盐运使赵之璧在接驾后纂成的《平山堂图志》，先后记录、转载徐氏受辱致缢死一案，遂使案情和烈妇事迹又广为民间所知，产生了不小的影响。

程梦星《平山堂小志》记：

> 郭烈妇徐氏墓在平山堂西。烈妇，甘泉郭宗富妻，素能以礼，自闲居临街小屋。郭资负担为生，尝晨出，妇独处。有储淳者，瞷妇少艾，乘其涤牏器，于门遽入挑之。妇走避詈储。储以手拍妇肩，妇大声闻于邻，获免。郭暮归，妇诉其事，郭隐忍未发。诘朝，郭再出，妇忿恚，自经死。里民闻于官，邑令龚鉴置储于法。为妇详情旌表，祀于贞节祠，葬之五烈墓侧。乾隆元年立碣曰："郭烈妇徐氏墓。"①

赵之璧《平山堂图志》卷一《名胜上》云："又有郭烈妇徐氏墓。"其下简略转载了程梦星《平山堂小志》所记上述内容："烈妇，甘泉郭宗富妻，居临街小屋。郭晨出，妇独处，有储淳者入挑之，以手拍妇肩，妇大声闻于邻，获免。郭暮归，妇诉其事，未发。诘朝，郭再出，妇忿恚，

---

① 卢桂平主编《扬州文库·第一辑·地方志类·平山堂小志》，广陵书社，2015，第356 页。

自经死。邑令龚鉴置储于法。详请旌表，祀于贞节祠，葬之五烈墓侧。"①

　　诗文名士程梦星祖籍歙县，自曾祖时由歙迁扬经营盐筴并以此发家。程梦星出生于清康熙十七年（1678年），康熙五十一年（1712年）进士，选翰林院庶吉士，五十五年因亲丧退隐归里，不复出。乾隆二十年（1755年）去世。著有《今有堂诗集》《李义山诗注》《平山堂小志》等，并纂修《江都县志》《重修扬州府志》。他当亲闻或目睹烈女徐氏案审始末部分情况，故窃以为其《平山堂小志》和后之赵之璧《平山堂图志》的有关记述、转载可信度高。虽然此记载尚较简略，亦未交代烈妇之夫身份，尤其是未道及案犯储淳审理过程及终被特赦，仅言"置储于法"四字而语焉不详（应与无缘得见清宫御档不详案审内幕有关），但基本情节清楚，储淳犯案事实，烈女事迹、葬地等一目了然。该记补充道明烈妇所居处为"临街小屋"，与"祀于贞节祠，葬之五烈墓侧"，系《清宫扬州御档》此件题奏所未及言。考《平山堂小志》文中"五烈墓"，在扬州蜀冈西峰，是清康熙、雍正年间以来池氏烈女、霍氏九女、裔氏烈女、程氏女和周氏烈女先后因夫死而自杀（缢）、绝食亡或拒不受嫖客（县吏）辱自缢死所安葬之地。后经甘泉县令龚鉴详请题旌表，马力本为撰墓表，盐商汪应庚遂修"五烈墓"。以昔之（池氏、霍氏）双烈祠亦增塑三烈像，为五烈祠。②甘泉县民妇徐氏受辱自缢死，性质与"五烈"女同属，故被"祀于贞节祠""葬之五烈墓侧"。惜今祠、墓皆已无迹可寻。

《扬州画舫录》改变烈妇姓氏的传奇性创作

　　成书于嘉庆二年丁巳（1797年）的《扬州画舫录》，在《平山堂小志》等志书记载的基础上，一改受害女主人公姓氏，更增添若干细节内容，进行了富有传奇色彩的创作。在这一著名笔记文集面世后，其案情和烈妇事迹再次受到人们关注，益为后世所知，并得以久远传播。

---

① 卢桂平主编《扬州文库·第一辑·地方志类·平山堂图志》，广陵书社，2015，第501页。
② 详见李斗《扬州画舫录》卷一六《五烈墓》，题目为笔者所加，下同。

《扬州画舫录》卷一六《烈妇王氏之死》载：

> 东关街鞋工郭宗富，娶妻王氏，美而贤。里中少年储淳美之，以金啖其邻孙妪，妪为之谋，劝郭贷储家金自开铺。郭谋之妻，王曰："此恶少年，不可贷也。"郭遂谢妪。越数日，郭暮归，妪牵衣入室，值储在，妪曰："储君念尔贫，愿以金借尔。"郭甫谢，而储银已出怀袖纳入郭怀，共饮而散。郭归语于王，王曰："物各有主，何其易也？易则恐其变生，奸人叵测，我虑滋甚！"郭犹豫未决。及早，储候于门，携之出为营廛舍。肆遂成。一日，储伺王入肆间，猝入户以手拍其肩曰："饭热否？"王回顾见储，大呼："杀人！"妪入谓王曰："储相公手无寸铁，何云杀人？且尔家贷他银，无笔券，正为尔今日之事，事已成，尔焉逃？"王改容曰："适杀人之语戏也"，以好语缓之；乘间，猝出户呼救。邻人夏子筠闻而来，储遂逸去。及郭归，王以实告。郭曰："贷人者受制于人，忍之可也。"诘朝郭出，王忿恚，闭户自缢死。郭归殓之，而未闻之于妇家也。王父名鹏飞，为金坛县皂隶，贫甚。越二年，渡江视女，至则死矣。问之邻妇孙妪，妪曰："是郭殴死。"复问之夏，夏不言。遂诉之官，呈结请检。时盛暑，甘泉署令王公验报勒伤，郭将伏法。值原令龚（鉴）公回县，复谳其事，以郭罪无可辨而夏言含糊，因细鞫子筠，子筠畏事不吐。越二日天雨，忽雷霆击孙妪于县之西街客舍中。公曰："冤将申矣！"乃刑夹子筠，储事遂败。申请复检，得缢伤，置储极刑。详求题旌，祀之于贞烈祠，遂移葬于五烈墓侧。……①

《扬州画舫录》记载的烈妇王氏，美而有贤德，又善于识人，聪明机智，不为里中恶少储淳所引诱，终因不堪储辱和对隐忍未发、窝囊废的丈夫绝望之下，忿恚含恨，自缢而死。王氏死后第三年，其父自金坛过江来扬，获知其死讯，诉冤报官；幸得此案由清官、原甘泉县令龚鉴"复谳其

---

① 李斗：《扬州画舫录》，周光培点校，江苏广陵古籍刻印社，1984，第367～368页。

事","以郭罪无可辨而夏言含糊，因细鞠子笃"，夏仍畏事不吐；忽二日后天雨，雷霆击孙姬于"县之西街客舍中"，昭示了为储作"伥"的恶妇孙姬的可耻下场，虽染上一层神秘的因果报应色彩，却也成了冤案告破的契机。龚令"乃刑夹"夏子笃，储事遂败，开棺复检，得缢伤，最终使王氏缢死案情真相大白，储淳被处以"极刑"（死刑）。综观王氏这一烈女形象，尽管她深受封建纲常名教的影响，在她身上打上了时代的鲜明烙印，其选择自缢死的方式体现了明显的思想局限性，但这一秀外慧中而具有贤德的女子，她的目光敏锐、机智聪颖，以及刚烈不屈、不惜以死抗争的性格特征，多可圈可点，不乏光彩之处。其形象塑造是成功的。其悲剧性命运结局又是发人深思的。

令人瞩目者，《扬州画舫录》卷一六《烈妇王氏之死》篇，明显"脱胎"于程梦星《平山堂小志》等志书所载，而在人物、具体案发地点、情节内容等方面俱有别出心裁的创作（部分当合乎事实真相而非杜撰，然已无从考探）。一是人物。受害女主人公徐氏改为王氏；其夫郭宗富职业是鞋工而非御档所言"戏班里抬戏箱的"；案犯储淳由"四十八岁"改谓里中"少年"。另有街邻孙姬、知情邻人夏子笃、王氏父金坛县皂隶王鹏飞、甘泉署令王公等（御档中无，则为保正李芳、邻佑王嘉位、李文健）；又不同于御档原件内所述知府、巡抚、刑部等各级官员前后审核此案乃至皇帝亲下御旨，主审此案"复谳"始终而"置储极刑"，"详求题旌"等者皆毕于原甘泉知县龚鉴一人。二是具体案发地点。御档中未予点明，李斗此文由《平山堂小志》言"临街小屋"进一步明确为"东关街"。三是情节内容。以下为御档和志书所未载：储淳以金买通其邻孙姬为之谋，"劝郭贷储家金自开铺"，郭宗富不听妻王氏劝告接受储银，入其彀中，"肆遂成"；储淳"伺王入肆间"，"猝入户"明目张胆调戏，孙姬入店在旁相劝逼迫，王氏先在情急之下大呼"杀人"，复改容"以好语缓之"，乘间猝出户呼救；王氏闭户自尽后，郭归殓之，而未报官，亦"未闻之于妇家"；适二年后，王父鹏飞渡江探视，得女凶信，询问孙姬，姬诬"是郭殴死"，复问邻人夏子笃"不言"，即诉之官，"呈结请检"；甘泉代理县令王公"验报勒伤"，"郭将伏法"；原甘泉县令龚鉴"复谳"此案，见前述龚令

"细鞠子筠"等审案、破案、结案过程。之上所增若干情节内容及细节，并有数处人物对话、自语与心理活动描写。由此可见，李斗《扬州画舫录》卷一六《烈妇王氏之死》篇，其以徐氏烈女为主要原型（当也有其他烈女的影子）塑造的受害女主人公王氏，形象性格尤为鲜明，光彩照人；不愧自书悬于堂上"此之谓民之父母"的七字箴言，勇于为民请命而悉心复谳此案终惩恶扬善的清官县令龚鉴形象，也较为突出；所演绎的悲剧故事情节曲折、内容丰富，案件发生、告破、审结富含传奇色彩，堪为一引人入胜，又撼人心魄且深长思之的笔记体小说篇章。按：需要指出，韦明铧先生编著《扬州历代贤官》将李斗所载此一虚构创作的传奇作品，误采信为首任甘泉县令龚鉴亲审、结案的史料，则不合御档记载，违背历史真相。①

烈妇徐氏等悲剧性命运的时代追问

《清宫扬州御档》中烈妇徐氏受辱自尽身亡案例，由于乾隆年间以来，复有程梦星《平山堂小志》、赵之璧《平山堂图志》先后记录、转载，以及李斗《扬州画舫录》传奇性创作，又见于《（嘉庆）重修扬州府志》，而流布甚广，影响深远。明清社会，特别是有清一代，随着封建统治阶级的大肆宣扬和提倡，以所谓"存天理，灭人欲"为标志的程朱理学观念占据人们精神领域的绝对地位，纲常名教对贞女、节妇在内的广大妇女的束缚、禁锢与摧残无疑日益加深了。身处弱势群体的良家妇女，在遭受不法之徒侵害之际，以证其贞节清白，往往采取自缢死等消极抗争方式，而不选择积极合法的维权手段。统治者推波助澜，一方面强化对封建礼教、妇女贞节观念的宣传与精神钳制；另一方面对所谓节妇、烈女出台相关政策，鼓励、倡导予以题旌（焦循《仪征汪氏母传》："夫贞节，变也"，"年不满三十而寡，寡三十年而旌，例也"；"凡妇女遭强奸不从以致身死

---

① 韦明铧编著《扬州历代贤官》，广陵书社，2016，第181页，"东关街上的杀人案"第一节。

者，旌表"），扩建贞节坊，增设节孝祠或烈女祠、墓，"以维风化"，"以慰幽魂"，就使贞女、节妇、烈女有增无已，源源不断产生，触法案犯虽后"置于法"受到应有的惩处，但已造成一个又一个触目惊心、令人扼腕的悲剧。御档此载徐氏烈妇被辱自尽殉于礼教即为典型一例，徐氏无疑是封建礼教制度和妇女贞节观念的殉葬者和牺牲品。

考察《清宫扬州御档》，其后乾隆至嘉庆年间又有《题为高邮州闵宜成图奸婶娘未成致氏自缢身死拟绞监候事》（第三册，第1073～1088页）、《题为甘泉县民李如松图奸李江氏未遂致氏缢死议绞监候事》（第五册，第3243～3254页）、《题为甘泉县纪有义图奸许氏未成致氏自缢身死议准绞监候事》（第六册，第4002～4011页）、《题报江都县民妇姚氏被王吉义出言亵狎缢死拟杖流事》（第九册，第5855～5861页）、《题报宝应县人王铎强奸张氏未成致氏缢死拟绞监候事》（第九册，第6164～6170页）、《题为高邮人费大九向王华氏秽言至令服卤身死议准杖流事》（第十三册，第9131～9137页）、《题为江都县民朱茂堂误戏杭翁氏致氏自缢身死拟准杖流事》（第十三册，第9206～9215页）等御档七件，其中有许多烈妇悲剧性人物（另外，清光绪十四年《奏为高邮州节孝妇王程氏孝女刘全姑请旌表事》一件内，夫死守节32年的王程氏节孝妇，以母病卒"一恸几绝"旋"仰药毕命以殉"年仅16岁的刘全姑孝女，虽不在上述受辱自尽的"烈妇"之列，然属于"节妇""烈女"大类，见第十八册，第12502～12503页）。而这些命案仅仅是封建社会中为数众多的贞妇、烈女不幸命运结局案件中极少几件，也是诸多贞烈女子所处社会的时代悲剧！阅档掩案深思之下，人们不禁要为那些贞女烈妇的惨烈而死同声一叹。这一宗宗使人触目惊心的典型案例，至今仍有警醒和启示意义。

规旋矩折之中仍见维扬风情

——民国时期扬州城市规划与建设述评

朱季康*

摘　要：民国时期，扬州城经历着数次动荡，其城市规划与建设步伐屡次中断，但只要环境平和，城市规划、管理与建设工作就再度起航。在民国扬州城市的规划与建设过程中，既有与其他城市类似的过程，也有自己的特色。尤其是在经历了战火岁月之后，这座城市依然保留有充满维扬风情的城市格局与风貌，难能可贵。

关键词：扬州　民国　城市规划　城市建设

民国时期扬州城市的规划与建设，是中国大多数城市的缩影。其历程体现了中国城市在走向近代的过程中，既规旋矩折，也顽强地保留着城市独特的风情。

一　城市规划与管理

晚清扬州虽受盐政改革、战争蹂躏及社会动荡等因素的影响，但城市仍不失为江淮间一重镇。"扬城纵横约十里，屋宇栉比，舟车鳞次，固东南一大都会也。"① 改元以后，沧桑更易。"富户徙海上者甚多，画舫钿车

---

*　朱季康（1979—），男，江苏扬州人，扬州大学教育科学学院教授、博士生导师。

①　周钰：《江都县地方生活状况说明书》，《江苏（省立）第四师范学校校友会杂志》1916年第1期，第26页。

云寥落耳。"① 民国初期，"在津浦京沪两路未兴筑以前，南北往来，舟楫必经扬州，故商业为之一振"②。北伐军兴，扬州城亦成为战场，得失数度，再复和平。"中间虽经兵燹，而十年休养，亦可渐复旧观。"③ "市廛栉比，学校林立，交通便利，公益勃兴，江淮间一大都会也。"④ 虽屡遭充斥，但相对周边地区仍"可云乐土"，"其服食居处之奢，犹有百余年前承平气象"。⑤

根据 1919 年的实测，此时的江都（即扬州）县城厢，"东西长四里又十七丈二尺，南北长三里又三十七丈七尺，面积计十四方里有奇"⑥。

民国江都县城厢大致延续了明清时扬州城的城厢格局。城区为方形，南北较短，东西较长。有多座城门，北有便益、广储、拱宸、镇淮等四门；南有安江、挹江、徐凝等三门；东有利津、通济等二门；西有通泗门。挹江门外，还有钞关，为交通码头。从民国扬州城市总体发展的趋势看，"从清代后期至民国年间城区西部逐渐衰落，城区缓慢地向城厢以外扩建及东南古运河沿线发展"⑦。至中华人民共和国成立前夕，扬州城区建成区面积为 6~7 平方公里。民国初年的扬州城，保留有不少清代宏伟建筑。"由其伟大的城阁，及历史的遗物，亦可想见当日的繁盛。"⑧ 这座城市以埂子街、多子街经教场至彩衣街一带为商业区，各类学校布局于西部的旧城区域，位于两者之间的是官署区，钞关至东关街一线为商贾居住区，北门外西北方向则为蜀岗—瘦西湖一线风景区。这种独特的城市功能分区格局是历史形成的。

---

① 司徒洞：《记扬州之行》，《江苏省立第一农业学校校友会杂志》1916 年第 2 期，第 1 页。
② 《江都一瞥》，《江苏教育（苏州）》1932 年第 3、4 期，第 72 页。
③ 周钰：《江都县地方生活状况说明书》，《江苏（省立）第四师范学校校友会杂志》1916 年第 1 期，第 26 页。
④ 武同举：《江都县城厢图附记》，《督办江苏运河工程局季刊》1925 年第 20~21 期，第 2 页。
⑤ 周钰：《江都县地方生活状况说明书》，《江苏（省立）第四师范学校校友会杂志》1916 年第 1 期，第 26~27 页。
⑥ 武同举：《江都县城厢图附记》，《督办江苏运河工程局季刊》1925 年第 20~21 期，第 2 页。
⑦ 江苏省扬州市地方志编纂委员会编《扬州市志》（上册），中国大百科全书出版社上海分社，1997，第 309 页。
⑧ 《沪宁道上：苏州，无锡，镇江，扬州》，《柯达杂志》1933 年第 5 期，第 8 页。

　　城厢内的主要街道有辕门桥、教场街、东关街、彩衣街、大东门街、西门街、便益门外街、北门外街、凤凰桥街、南门外街、参府街、得胜桥、新胜街、三义阁、湾子街、皮市街等。"繁盛区者，如辕门桥、教场街一带，肩摩踵接，熙来攘往，盖扬州商业之焦点也。就中大商店甚夥，不亚南京三山街黑廊街等。"① 民国的扬州仍是当时江北的商业中心，"国内第一流商店，在此都有分号"②。百货贸易各有集聚之区，"辕门桥各业荟萃，教场街、多子街，次之。教场地近辕门桥，茶社林立，负贩云集。来此城者，均伫足焉。北门外凤凰桥，米肆林立。居民食米取给于此。东关外有蛋厂及鱼行果行，贸易颇盛。钞关外有轮船局、电灯厂，繁盛如之"③。在辕门桥的中段，有商务、中华等书店。左卫街有联合图书服务所，"开明、生活、文化的书都全"④。

　　扬州城区大多道路为条石路面，以砖砌方沟为排水设施。"雨不泞泥，晴无尘沙。"⑤ 雨水和污水主要排入古运河及城内的各条河道。一些里巷为砖铺路面，亦有少数土路，有些巷道在条石盖板上铺一层泥土后再铺条石路面。里巷基本没有明排水沟，都为暗排水沟。翠园桥（小秦淮河）、老北门（北城河）、弥陀巷（北城河）、治淮新村（北城河）、田家巷（古运河）、居士巷（古运河）等处的方砖出水沟，常府巷、安家巷、通泗街等处的明清砖砌下水道都在使用。

　　民国扬州全境还分布有重要市镇数十处。如江都县，"邗阳镇、仙女镇、大桥镇、宜陵镇、邵伯园镇、嘶马镇、南六集镇、北六集镇等，皆其著者"⑥。其中的仙女镇，有大街、新街、中州街、河北米市和江家桥等 5

---

① 司徒涧：《记扬州之行》，《江苏省立第一农业学校校友会杂志》1916 年第 2 期，第 1 页。

② 《苏行杂记》，《大公报》（天津版）1936 年 3 月 21 日，第 4 版。

③ 雷家骏：《江都县乡土志》，《江苏（省立）第四师范学校校友会杂志》1916 年第 1 期，第 154 页。

④ 凌羽：《扬州书店一瞥》，《大公报》（天津版）1947 年 2 月 12 日，第 12 版。

⑤ 雷家骏：《江都县乡土志》，《江苏（省立）第四师范学校校友会杂志》1916 年第 1 期，第 154 页。

⑥ 《江都一瞥》，《江苏教育（苏州）》1932 年第 3、4 期，第 72 页。

条街。镇区"东西长约三里许,南北亦如治"①。米市、木市、轮船公司、邮政局、电报局、警察局等,皆有设置。再如仪征县十二圩镇自古为盐业要区,据1934年的调查,该镇有盐业公司33家,搬包盐工5万余人,扫盐工人2万余人,帆运船户14万余人。"故该镇居户,直接间接几无一不赖盐以生活。"②

从1912年的130万人至1947年的138万余人,江都全县人口总体比较稳定,其间高峰者有1916年的150余万人,低谷者有1928年的114万余人。③ 1919年,江都县城区人口为18.8万多人。④ 1937年,城区人口达到33万多人。⑤ 扬州所属各县人口较少,如1934年,宝应县全县人口计40余万人,城厢占1/10强。⑥ 1937年,高邮县有66万余人,城厢有11.7万余人。⑦ 其间由于战争、灾荒等因素的干扰,有所波动,如1947年,宝应全县人口下降到36万多人,⑧ 但在民国绝大部分年份中,各县的人口数量变动并不剧烈。

1. 扬州城市规划与管理的初步尝试

与同时期的其他中国城市一样,扬州城也经历着近代转型期的阵痛。"近代中国的城市化过程,在空间上表现为由以衙门官署为中心筑有城墙的传统型,向以商业区、金融区、工业区为中心,城区结构和功能出现明显的分工,并打破和拆去封闭的旧城墙的现代城市的演进过程。"⑨ 这段阐述是对民国扬州城厢发展演变的准确总结。

在这场演进过程中,来自政府及民间的主体声音是希望扬州城能赶上

---

① 王肇堂:《江都县仙女市乡土志》,《江苏(省立)第四师范学校校友会杂志》1916年第1期,第209页。

② 《淮南纪行》,《盐政杂志》1934年第59期,第4页。

③ 参考《江苏省各县市历年人口数:江都县》,《内政统计月报》1948年第1、2、3期,第1页。

④ 武同举:《江都县城厢图附记》,《督办江苏运河工程局季刊》1925年第20~21期,第2页。

⑤ 陆俊麟:《江都等十县经济调查报告书(一)》,《苏行旬报》1937年第4期,第1页。

⑥ 陈颜湘:《宝应社会鸟瞰》,《农行月刊》1934年第8期,第31页。

⑦ 陆俊麟:《江都等十县经济调查报告书(三)》,《苏行旬报》1937年第6期,第3页。

⑧ 《江苏省各县市历年人口数:宝应县》,《内政统计月报》1948年第1、2、3期,第1页。

⑨ 叶美兰:《柔橹轻篙——扬州早期城市现代化之路》,北京燕山出版社,2004,第59页。

近代城市进步的步伐，实现城市规模的扩大、人口的增加、建筑的扩充与城市能量的提升。但亦有人提出扬州应走独特的城市发展道路，如曲艺理论家、扬州人陈汝衡就希望扬州保持现有的规模和环境，"成为纯粹的古色古香的名胜之区，没有丝毫近代工业主义的色彩，永远不见着工厂，和从里面发出的黑烟。"① 他憧憬理想中的扬州是充满人文味道的："最好是利用他的幽静，在这里建设大规模的图书馆和大学校，使文人学者都可渡江到这里来安心著作，逐渐成为学术的中心。"② 这些关于扬州城市发展目标的不同争论，体现了当时人们对于扬州这座历史名城未来道路与命运的深切关注。

民国初年，借助近代测量技术，江都县政府绘制了比例尺为万分之一的《扬州城市简要图》。1921 年 12 月，淮扬徐海四属平剖面测量事务所制成《江都县城厢图》。这张图对城区中的砖城、房屋、凹地、贫民居留地、砖石路、砖石墙、大道、土墙、砖石堆、乱石墙、木棚、牌坊、池塘、湿水地、小道、水流方向、河道、桥梁、渡口、阔叶树林、针叶树林、杂树林、坟墓、学校议会、公署居所、警察居所、邮政电报局、税关厘卡、教堂医院、桑田、水田、旱田、菜园、水仓、米仓等都有标注，堪称精细。五年后，比例尺为二十万分之一的《江都县全图》制成，"全县地势之区分，市乡之界址，以及河流、道路、邮电、轮船、学校、集镇，均备列图中，其详另载调查报告"③。1931 年，又制成了比例尺为万分之一的《江都县城厢市图》。这些地图成为当时江都县政府规划与建设城区的得力工具。

民国初年，江都县城厢内建筑密集而错乱，道路十分狭窄，"无宽广之街衢"④。无论是旧城区域的院大街、南门街，还是新城区域的东关街、辕门桥、左卫街，"惟商店栉比，行人拥挤，殊甚。辕门桥街衢四通，尤

---

① 陈汝衡：《谈扬州（下篇）》，《文化通讯（上海）》1934 年第 2 期，第 27 页。
② 陈汝衡：《谈扬州（下篇）》，《文化通讯（上海）》1934 年第 2 期，第 26～27 页。
③ 《江都县全图》，《督办江苏运河工程局季刊》1926 年第 26～29 期，第 15 页。
④ 雷家骏：《江都县乡土志》，《江苏（省立）第四师范学校校友会杂志》1916 年第 1 期，第 154 页。

为肩摩踵接之区"①。随着扬州城市经济、生活与社会事业的发展,旧的城市建筑分布格局与道路状况都急需新的规划与调整。

南京国民政府建立后,江都县政府开始谋划城市建设的规划,首要计划就是拓宽城市道路,但此一理想与现实发生了强烈的冲突。国民党县党部行政会议曾决定将扬州城内的各街市道路都改宽为三丈,但因需要拆除大量建筑,阻力很大。如 1927 年 11 月 12 日下午,江都县府务会议讨论多子街的拓路问题,考虑到"如定放宽三丈,不免为人情所难",决定"对于多子街新建市房,酌量缩减让,并拟先将沿街雨棚拆去"②,会上还提出了拆除沿湖城墙、改修环湖马路等设想。两年后,江都县政府再图拓宽城区道路,但考虑到事势所难能,权宜之下,作出了三个决定:一是"取缔建筑",拟定了《取缔建筑章程》,施行逐渐让宽办法,凡在城厢内翻造或重建房屋时,都须退让至政府规定的应辟宽度,方准建筑。二是"酌量拆除",凡属交通冲衢,且两旁建筑物均已倾圮危险者,即拟具计划呈请省建设厅核准,勒令两旁居户拆建,同时将该道辟筑。三是"拆城填河筑路",即拟将江都城的城垣拆除,辟为马路,发展商业,便利交通。③ 多子街模范马路就是当时的产物。

20 世纪 30 年代初,经江苏省政府建设厅批准,江都县政府颁发了《江都县政府建筑查勘管理办法》《江都县城厢民房拆卖及拆卖后之整理办法》等规定,明确所有江都县城厢内新建、修理、拆卖房屋及建筑物的行为。只有经过县政府批准,获得建设施工执照,方可动工。"城厢民房拆卖,应由产权人检呈该房契,遵章向建设局呈准,请领拆卸执照;如系自建房屋,应将地契呈验,或由街邻四家以上,出具证明书。"④ 这些规定初步规范了江都县城厢内建筑拆建改造的行为。

在城市管理上,江都县政府也推进了一些措施。1927 年 12 月 10 日下

① 雷家骏:《江都县乡土志》,《江苏(省立)第四师范学校校友会杂志》1916 年第 1 期,第 154 页。
② 《第一次府务会会议录》,《江都县政治月刊》1928 年第 1 期,第 8 页。
③ 陈肇桑:《江都县县政概况》,《江苏》1929 年第 34 期,第 35~36 页。
④ 《江都县城厢民房拆卖及拆卖后之整理办法》,《江苏省政府公报》1932 年第 1013 期,第 5 页。

午，因 "本城乞丐日多，沿途讨化，殊形可厌，且与观瞻上治安上皆有莫大影响"[①]，江都县府务会议议定："拟仿照镇江，设置收容所，责令警察严行取缔。"[②] 1929 年，江都县政府又经省民政厅核准，明令："当街晒晾衣物，广告单随处乱贴，电杆上拴系牲畜，均应切实禁止，饬据公安局拟具取缔街道规则。"[③] 这些措施是否长期有效执行，难以查考，但 1934 年有来到扬州的游客称："扬地屋宇整洁，道路秩然。"[④] 可见在某些年代，城市管理有所进步，扬州城环境有所改善。

2. 抗战后扬州城市规划与管理的探索与实践

扬州城的规划与建设因日本侵华而陷于停滞，城市除遭战火破坏，几无建树。

抗战胜利后，依据国民政府的《都市计划法》及战后颁布的《收复区城镇营建规则》《城镇重建规划须知》《地方政府恢复破坏城镇应行注意事项》《县乡镇营建实施纲要》《战后营建城镇提供资料要则》等政策文件的要求，扬州各地县政府纷纷重整了城市规划与管理工作。

1945 年 11 月，江都县政府拟定了《江都县城营建计划大纲》，首度对江都县城厢进行了功能区划分及道路设计。次月，江苏省政府正式批复了该计划大纲[⑤]。

根据这份计划大纲，扬州城市被划分为功能各不相同的五区（政治区、工业区、风景区、商业区、住宅区）一带（绿化带）（见表 1）。

表 1　《江都县城营建计划大纲》中的城市功能区划分设想

功能区（带）	区域
政治区	县政府及其附近地域
工业区	城南通扬桥南运河下游南岸

---

① 《第一次府务会会议录》，《江都县政治月刊》1928 年第 1 期，第 26 页。
② 《第一次府务会会议录》，《江都县政治月刊》1928 年第 1 期，第 26 页。
③ 陈肇桑：《江都县县政概况》，《江苏》1929 年第 34 期，第 47 页。
④ 高梧轩：《绿杨城郭是扬州》，《旅行杂志》1934 年第 9 期，第 14 页。
⑤ 该计划大纲在 1946 年 6 月、1947 年 5 月经过了两次修订。

功能区（带）	区域
风景区	城北瘦西湖、平山堂、观音山一带
商业区	城内原有商业街道及教场附近公共商场
住宅区	原有小街小巷
绿化带	

资料来源：参见江苏省扬州市地方志编纂委员会编《扬州市志》（上册），中国大百科全书出版社上海分社，1997，第315页。

但这一城市功能区的划分非常笼统，没有任何对功能区的属性界定和内涵描述。这份计划大纲还将城区道路分为甲、乙、丙、丁四个等级（见表2）。

表2　《江都县城营建计划大纲》中的道路等级及设计

等级	规格	路名
甲级道路	路幅12米（车行道8米，人行道各2米）	福运路等4条
乙级道路	路幅10米（车行道7米，人行道各1.5米）	平山路、教场路、甘泉路、关西路、天宁路、县府路、蒋徐路、广储路等
丙级道路	路幅8米（车行道6米，人行道各1米）	湾子路、琼花路、便益路、北河路、康山路、三新路、皮市路等7条
丁级道路	路幅6米	贤良路、苏丁路、府东路、三元路、地官路、达士路等7条
里巷	宽4～5米	130余条

资料来源：参见江苏省扬州市地方志编纂委员会编《扬州市志》（上册），中国大百科全书出版社上海分社，1997，第315页。

这份计划大纲还拟对城外的一些街道进行拓宽。包括将洼字街、缺口外街、福运门外街、西门外大街拓宽至12米；将南门外街、小码头、北门外大街、徐凝门外街、钞关外街、便益门外街拓宽至10米；将运河两岸拓宽至8米；将猪草坡拓宽至6米等。由于规划存在技术性缺陷，加上受制于当时政治、经济与社会环境，这份计划大纲如水投石，几乎没有产生任何实际效果。

1946年7月，江苏省政府训令各县执行《江苏省各县市取缔违章建筑罚款提奖办法》，以管理违章罚款所得的七成充市政经费，三成奖励检举及相关人员。1947 年，江都县修建城厢街道沟渠委员会成立，负责协调下水道的建设管理以及道路养护工作，《江都县修建城厢街道沟渠暂行办法》也同时出台。院大街、三元巷、七巷、五巷、嵇家湾、南柳巷、多子街、县府街、北河下、南河下中段、皮市街南段、运司街北段、东圈门西段、彩衣街、中小街、常府巷、小东门街、李官人巷、引市街、砖街等为养护的重点。同年颁布的《江苏省建设马路人行道征费规则》《江苏省取缔妨碍人行道规则》《江苏省各县市马路阴沟管理规划》《江苏省县市道路修筑条例》等法规也推动了扬州的城市管理工作。

除了江都县城厢，扬州境内的其他属县也有类似的城市规划与管理举措。如 1929 年，高邮县"为改良市政，维持公益起见"，经省建设厅核准后，通过了《高邮县取缔建筑暂行章程》。各县的这类文件大同小异，但也是针对各县实际而拟定的，都在各自的城市管理工作中发挥着作用。

二　基础设施的改造与建设

（一）拆除城墙及城区道路桥梁的维护、改造与建设

民国江都县城厢拆除城墙，道路桥梁的维护、改造与建设是随着城市发展的需求而逐步推进的。

民国初期，为了改善城区部分区域的排水，江都县建设了万寿寺至保安巷的砖砌方砖出水口，直通古运河，规格为 80 厘米乘 40 厘米。1916年，为城区内部交通方便，拆除了小秦淮河西侧新旧城之间的城墙与城门。1923 年，拆除了钞关与徐凝门之间的城墙，为便利汽车站的交通，新辟福运门。1925 年，经过激烈的讨论，拆卖月城的决定获得了批准。两年后，又拆除了南门外挡军楼城墙。

在全国各个城市拓宽城厢道路的潮流下，1931 年，江都县政府启动了对城厢道路的拓宽改造，将埂子街、大儒坊、多子街西段各拓宽了 8 米，铺设片石路面，建成了长 60 米的十字"模范马路"。

1937 年 3 ~ 8 月，由江都县建设局规划，私营王殿记营造厂承建，修筑了全长 1.95 公里、路幅 12 米，从新南门到新北门的新马路，路面为泥结碎砖，同步新建新北门桥，也铺设了市区第一条混凝土管下水道。这一道路的建设，沟通了城南汽车站到城北风景区的联系，便利了外地游客的出行。同期还开辟了新南门、新北门。

但限于财力，除了上述道路，江都县城厢内其他城墙道路的改造、扩建实在寥寥，大致有以下一些工程：1946 年 3 月，对从嵇家湾到新桥的南柳巷道路进行了维护。8 月，整修倒塌城墙 18 处，近 800 米。1947 年，翻建多子街十字"模范马路"82.8 米。4 月，修理南门外砖桥与南门城墙缺口。同年，翻修院大街路面及添修下水道工程，修理了徐凝门东首里城垣、龙头关城墙、新南门城墙、天宁门城墙、便益门城墙、小东门城墙等。抗战胜利后的第二年，坐镇扬州的国民革命军第 25 师师长黄百韬仍感觉扬州街道狭小，"没有近代都市阔大的雏形"[1]。

江都县城厢内多水道，各个河道上多有砖石、木结构的拱桥，方便通行。民国时期，新建和改建了通扬桥、新北门桥、新南门桥、新桥、公园桥、萃园桥等一批桥梁。

江都县政府还组织力量对城区内的一些河道进行了疏浚。1934 年，江都县建设局启动了历时半年的小秦淮河的疏浚工程，使运河水从龙头关经小秦淮河，直通北水关，与瘦西湖相通。1948 年，修理天宁门桥。南河下中段、皮市街南段、运司街北段、东圈门西段、彩衣街、院大街、中小街、常府巷、小东门街、李官人巷、引市街、砖街、五巷、嵇家湾、三元巷、北河下等地的下水道也得到了疏浚。

（二）公共设施与公共建筑、场地、绿化建设

民国时期，扬州城的照明、用水、清洁卫生等公共设施都有新的进展。1928 年，面对"城市市政，日久废弛"的状况，江都县县长张士仁发布了

---

① 天疯：《黄伯韬语激扬州人》，《新上海》1946 年第 39 期，第 3 页。

《积极整理市政之训令》，要求职责所属各机构"认真办理，以重市政"①。

1913 年，江都振明电灯公司建设了两条路灯线路，覆盖了辕门桥、新胜街、教场街、古旗亭、萃园桥、埂子街、多子街、砖街、左卫街、康山街、北河下、南河下、引市街等街道区域，这是扬州城厢最早的电气照明路灯的设置。这些路灯主要安置在交叉路口和一些大商铺前，使用白炽灯泡，外套搪瓷罩，供电时间是晚上 6 点至 12 点。据 1928 年的一份资料，扬州电灯公司装备了蒸汽发动机和内燃发动机两种。蒸汽发动机为六筒直置之煤气机，具有 450 马力的动力，燃料为煤气。"固当世之最有功效之迪驰式引擎也。"② 扬州其他属县也陆续开启了电灯服务。

1930 年，江都县政府规定每户居民用电每千瓦时加收 5% 的电费作为路灯建设及维护费用。至抗战前，扬州城内已有路灯近千盏。起初这些路灯没有设置单独控制开关，在实现全日供电后，才设置了单独开关。1936 年，振扬电气公司在全城共有汽轮发电机 2 台，配电房 11 座，2300 伏配电线 3 条，服务照明用户 6753 户，路灯 608 盏，服务范围除了城区，还扩展到了三汊河、高旻寺及霍桥镇等乡镇地区。

沦陷期间，扬州电灯照明事业受到了破坏。1944 年，为了防止空袭，实施灯火管制，日伪政府拆除了城内全部路灯。抗战胜利后，按照江都县政府的要求，振扬电气公司陆续安装了 600 余盏路灯，2300 伏直配线路 5 条，延伸至北门外绿杨村、西门外飞机场、扬子桥等地。1946 年 12 月 17 日，江都县政府还联合了警察局、县商会、第一区公所、振扬电气公司等单位，签订了江都县城厢路灯合约五条以规范相关业务。1949 年，城厢大致恢复到千盏路灯的水平。

城区居民饮水以水井及古运河水为主要来源。扬州自古水井众多，城区有水井 1400 余口。除了饮用井水之外，还有一部分居民饮用河水。河水以木制手推独轮车，或通过茶水炉送水的形式送进居民家中，按年、季、月包水收费，或按照用水量计费。1946 年，江都县出台了《整理公私水井

---

① 张士仁：《积极整理市政之训令》，《江都县政治月刊》1928 年第 1 期，第 93 页。

② 季丹：《扬州电灯公司实习记》，《交大半月刊》1928 年第 1 期，第 54 页。

办法》七条，对城区的水井使用进行了规范与限制。

扬州城内有专门的清道夫队伍，负责城厢主要街道的卫生清扫任务，清洁范围包括"南由福运门至运司街一线，东由东关至大东门一线，又东由缺口至小东门一线"①。大街小巷也设有垃圾桶，由清道夫"分头打扫，搬放垃圾"②。居民的日常生活垃圾，专门有人走街串巷地收。城内还有一些灰行，在固定的灰池扒灰。1929年，江都县开征清洁卫生捐，设卫生警察队，督察城区的清洁卫生工作。民国初期，城厢卫生情况不佳，尤其是公共厕所稀少且简陋，街头巷尾，"溲溺任其所之"③。1929年，在县长陈肇燊的推动下，县政府第六次政务会议决定征收城区垃圾粪捐，拟将所得之款用于建筑公共厕所便池。此后历届县政府皆有增设公共厕所之议，然实效各不相同。

民国时期，随着城市各项事业的发展，扬州城内新建了一批公共建筑（见表3）。

表3　民国时期扬州城新建的公共建筑

建筑时间	建筑名称	建筑者/主持者	建筑概况
1919年	美汉中学	美国人士	教学楼（西式砖木结构）1座；小别墅1座
1921年	耶稣教浸会医院	美国人邰尔医师	采用美国约翰·霍普金斯医院设计图建造
1923年	望火楼	马世杰（盐商）	西式砖木结构5层楼，时为扬州城内最高建筑
1928年	慕究理小学校舍楼	美国人士	
1928年	江都县公共体育场（西区公共体育场）		建筑面积6000平方米，有340米环形跑道及足球场、篮球场、乒乓球活动室、器材保管室等场馆

---

① 江苏省扬州市地方志编纂委员会编《扬州市志》（上册），中国大百科全书出版社上海分社，1997，第353页。

② 陈肇燊：《江都县县政概况》，《江苏》1929年第34期，第46页。

③ 张士仁：《积极整理市政之训令》，《江都县政月刊》1928年第1期，第93页。

续表

建筑时间	建筑名称	建筑者/主持者	建筑概况
1929 年	江都县东区体育场		
	天主教圣母院	奥地利公主	3 层楼建筑
1929 年	中山纪念堂	县政府	西式砖木结构 2 层楼，建筑面积 200 平方米，三顶式门楼，坐北朝南
1930 年	耶稣教浸会医院	美国人士	砖木结构病房 1 栋，建筑面积 2800 平方米
	扬州中学"树人堂"	校友捐资	西式砖混结构 5 层楼
1931 年	同仁医院	扬州名医周凤书	门诊楼 1 栋，病房等
1935 年	震旦中学教学楼	法国人士	建筑面积 4000 平方米
	南京大戏院	扬州盐商张同兴后人张伯平	
1937 年	江苏省扬州蚕种场育种室		占地面积 454.3 平方米，建筑面积 1817.2 平方米，地上 3 层，地下 1 层
1938 年	绿扬旅社		砖木结构 3 层楼房
1947 年	国民大戏院		竹草结构简易房屋

资料来源：参见江苏省扬州市地方志编纂委员会编《扬州市志》（上册），中国大百科全书出版社上海分社，1997，第 370 页；杨正福主编《扬州民国建筑》，广陵书社，2011，第 106～127 页。

此外，还有愿生寺、耶稣教堂、天主教堂等宗教建筑；王柏龄住宅、下铺街美式别墅等住宅建筑也是民国时期所建的。

扬州古有"绿杨城郭"美誉，清末民初战乱期间，城市绿化受到一定程度的破坏，但总体保持较好，在形势稳定的时候，城市绿化也有一些恢复与进步。

扬州城内辟有公园，"地傍城河，堂榭精洁"①。1929 年，江都县政府制定了《江都城厢草地公园计划》，先辟北门外城基地与县学前之空置二处为草地公园。扬州没有专设从事城市绿化的机构，由江都县城北风景区

---

① 雷家骏：《江都县乡土志》，《江苏（省立）第四师范学校校友会杂志》1916 年第 1 期，第 154 页。

管理委员会负责城北风景区及城厢的绿化工作。1936 年,江都县城北风景区管理委员会沿着北城河两侧至蜀冈一带,种植了海桐、垂柳等树木,在北门外建了草地公园。次年,随着新马路的建设,同期在该道路的南侧种植了悬铃木 500 棵作为行道树。在广储门至新北门沿河种植榆树、白杨、枫杨等树木 1.2 万余株。城区的梅花岭、蜀冈等处都是每年植树节期间江都县政府组织机关团体职员及学生集体植树的地方。这些公共绿地的建设为市民提供了休憩游玩的场所,美化了城市环境。

三 风景区建设

民国人称:"扬城风景,均系天然,毫无雕琢之处。"① 也有人说:"扬州的风景线内,没有高山大水点缀着,全凭人工布置成功。"② 扬州的确是一座自然风光与城市园林相得益彰的风景城市。民国时期,为了保持这座风景城市的特色魅力,扬州人民也付出了一定程度的努力。

民国成立后不久,一些官员和乡绅为追求泉石之乐,陆续有自发造园之举。1915 年,徐园建于清初韩园、桃花坞的旧址之上,园内多种梅、桃、李、紫藤、紫玉兰、牡丹、芍药等植物。乡绅杨丙炎补筑了"长堤春柳",沿堤遍植桃、柳。1921 年,陈重庆之子陈臣朔于凫庄建别墅,别墅内清幽雅致。国民党高官、扬州人叶秀峰建设了占地 72 亩的叶林(叶园),林内多为悬铃木、松柏,并引进种植了美国的薄壳山核桃、日本的五针松、平山赤松、猿猴杉、柳杉、扁柏、花柏等品种。1947 年 6 月 28 日,熊园及长堤春柳小亭建成。其他还有匏庐③、萃园④、杨氏小筑、逸圃、平园、怡庐、蔚圃等私家园林点缀于扬州城。

扬州的风景区整理修复工作是从江都县城北风景区管理委员会成立后才系统展开的,在此之前,"从前所有的名园,都成废址了;所有的富商

---

① 孔昭玲:《游扬州记》,《崇中期刊》1943 年第 1 期,第 12 页。
② 谢鹤松:《扬州剪影》,《更生(上海)》1937 年第 7 期,第 43 ~ 44 页。
③ 为卢殿虎所建,由叠石造园名家余继之营造。
④ 扬州盐商集资建造。扬州沦陷期间,为汉奸熊育衡所占,一度改为"衡园"。

名宦，他们的后裔都没落了"①。很多景点并没有得到妥善的维护，大多荒废。1916 年，"扬州古迹素著，近以不事保存，渐就湮没。国粹之存亡，抑亦好古家之所忧也"②。有的景点还长期为军队所占据。如何园就曾长期不对外开放，"久为军队所驻"③。"王播题诗为碧纱所笼之石塔寺，现正驻兵，且厢房即为粥厂，为乞丐就食之所。"④ 甚至还可见一些城难之际留下的痕迹，如 1928 年，城内尚有称为"瓦砾堆"之地，"瓦砾堆有二，均在教场相近。洪杨之役，房屋火毁，平后乃聚瓦砾而成堆"⑤。但 20 世纪 30 年代，也有一些景点逐渐得到修复，再展魅力。如北洋军与"五省联军"战后，小金山"劫后复修，风景极佳"⑥，平山堂也由王柏龄捐资重建。

城北瘦西湖一带是扬州风景的精华所在，时人评价扬州瘦西湖之美不亚于杭州西湖："将它与杭州的西湖一比，则后者如一珠光宝气的盛妆贵妇人，前者如不施脂粉的素服乡下女，淡淡的，默默的，有楚楚动人之美。"⑦ 有小金山、观音阁、虹桥、法海寺塔（白塔）、吹台、二十四桥、隋堤、五亭桥、平山堂、谷林堂等景点。城北风景区建设亦为当时扬州风景规划的重中之重。1935 年 4 月 28 日，江都县城北风景区管理委员会在城外香影廊举行了第一次常务会议，推余继之、周星北、张树思、舒仲民、辛止心等委员担任调查任务。通过了《江都城北风景区域进行方案》，定办事处设于北门外餐英别墅，拟开展对《平山堂图志》《扬州画舫录》的研究，对其中有关风景名胜旧址，植立标记，要求县政府对于风景区域地址进行保护。

《江都城北风景区域进行方案》以《平山堂图志》"第一总图"为规划范围，设计了三条旅游线路。第一条：自史公祠、天宁寺、丰乐上街、

① 陈汝衡：《谈扬州（下篇）》，《文化通讯（上海）》1934 年第 2 期，第 26 页。
② 雷家骏：《江都县乡土志》，《江苏（省立）第四师范学校校友会杂志》1916 年第 1 期，第 157 页。
③ 高梧轩：《绿杨城郭是扬州》，《旅行杂志》1934 年第 9 期，第 18 页。
④ 高梧轩：《绿杨城郭是扬州》，《旅行杂志》1934 年第 9 期，第 21 页。
⑤ 沈杏初：《扬州名胜志略》，《友声月刊（上海）》1928 年第 4 期，第 20 页。
⑥ 沈杏初：《扬州名胜志略》，《友声月刊（上海）》1928 年第 4 期，第 16 页。
⑦ 洛川：《江都半日闲》，《杂志》1944 年第 3 期，第 92 页。

北门街、叶公桥、第一茶亭北至观音山，再由茶亭西至三贤祠。第二条：从北门问月桥、大虹桥北至熊园，再由虹桥经长堤春柳至徐园。第三条：自大虹桥经箭道至法海寺，过五亭桥至三道茶庵，再到观音山。①

城北一带很多景点都得到了开发，"瘦西湖的美，美于天然，多于人工"②。其游览，"以水为主，以船为主"③。城外另有荼蒉湾、雷塘、绿杨郭、徐公祠等可供游人游览之地。城内则有康山、梅花岭、芍药湾、文选楼、蕃釐观、董井、谢安寺、云山阁、何园、天宁寺、刘备井、长牛寺、富春园、净慧寺等景点。这些景点多富含人文意蕴，各有千秋。其中，"何园为扬州诸园冠"④。净慧寺在扬州城南，始建于宋代，为清代扬州知名寺庙，"亦属扬州名寺之一"⑤。其时，"寺中古木森森，占地颇广，树木中以野桑、松柏为多"⑥。有游船、餐饮等配套的服务，很多人从业其中。城北的游船业是有悠久历史的，民国时期再度复兴。其游船有多种样式，小者似西湖游艇，置藤榻于中，合船尾船首，可坐五六人，轻便易行。大者较小者大至一倍半，上盖铁皮，以御雨日，四周有木栏杆，而置藤榻四五，并列船中，更有方案，以供茶食之需。"水阁下的游船很整齐的排列在河内，船娘们在岸旁很妩媚地向游客兜揽着生意。"⑦ 瘦西湖的船娘是名气在外的。来扬州的游客，"雇一游艇，游山玩水，亦别有乐趣"⑧。在城内外的很多景点，游客们还可以购买到特色旅游纪念品。平山堂有欧阳修石像拓本出售。在史公祠，也有相关碑文的拓片出售。在富春茶苑出口的街头，有很多卖古董字画的店家。

日军攻占扬州期间，焚毁、拆除房屋1500余间，扬州风景也朝攀暮折，残破不堪。"惟以八年以来，未加修葺，再受敌伪摧残，致破坏甚

① 《江都城北风景区域进行方案》，《江都教育》1935年第6期，第10页。
② 杜撰：《旅行扬州杂记》，《沪江大学月刊》1935年第1期，第319页。
③ 佩弦（朱自清）：《说扬州》，《人世间》1934年第16期，第36页。
④ 沈杏初：《扬州名胜志略》，《友声月刊（上海）》1928年第4期，第21页。
⑤ 司徒洞：《记扬州之行》，《江苏省立第一农业学校校友会杂志》1916年第2期，第1页。
⑥ 司徒洞：《记扬州之行》，《江苏省立第一农业学校校友会杂志》1916年第2期，第1页。
⑦ 君平：《绿杨城郭是扬州》，《宇宙风》1938年第66期，第201页。
⑧ 梦尘：《春光明媚话扬州》，《金声》1948年第35期，第2页。

巨。"① 抗战胜利后，文学家闻国新来扬州有感："偌大的扬城，简直连一棵成材的树木也没有看见。"② 他对比了隋堤树木的情形，"在我来的那一年（大概是民国十八九年间）这一路满栽着古老的杨柳树，在树下走，盛夏时光也穿射不透。事变时，这些树木都不知道跑到那里去了"③。还描述了香影廊的残破之景，"我在一座月亮门上面发现了写着'香影廊'三个字的匾额，廊已无存"④。20 世纪 30 年代常年植树的扬州城北郊，经战争洗礼后，"而今不但没有成林，连一株树影都不见"⑤。抗战胜利后，扬州人民曾对部分景点进行过重修。1947 年，扬州城还发起过一场"万元签名运动"，募集资金，以修葺史公祠。⑥ 短短两三年内，扬州城风景枯木逢春，有所恢复。

1948 年，《南京中央日报周刊》以《春风扬州十里》为题，专版登载了该报记者所摄的扬州风景照片，主题分别是"扬州观音上紫竹林""扬州瘦西湖之法海寺""瘦西湖上远眺五亭桥""近看五亭桥""瘦西湖畔挤满了踏青仕女""瘦西湖上泛舟""自瘦西湖远眺观音山""扬州平山堂大门外景""平山堂内御碑亭畔之第五泉""扬州富春茶社为著名之茶食店""富春茶社内景""扬州梅花岭上有史可法墓古迹"。同时附文称："扬州——这为古代骚人墨客艳游讴歌之地，多少人醉心于'十里春风'的享受，现在正逢暮春三月，江南草长的季节，梅花岭上，忠风健在，四方游客又群集瘦西湖畔，湖光山色，亭台楼阁，好一片锦绣山河。"⑦ 时人对扬州也有这样的评价："但城北的瘦西湖，平山堂还永远是游人留连的胜迹。因此，扬城多少还保持了风雅，文化水准在江苏是有数的。"⑧

扬州美食文化独树一帜，名闻全国。在民国时期，不但传承得以保

---

① 《天南地北：扬州名胜》，《海潮周报》1946 年第 27 期，第 8 页。
② 闻国新：《附郭纪行：扬州印象之二》，《读书青年》1945 年第 6 期，第 13 页。
③ 闻国新：《附郭纪行：扬州印象之二》，《读书青年》1945 年第 6 期，第 13 页。
④ 闻国新：《附郭纪行：扬州印象之二》，《读书青年》1945 年第 6 期，第 13 页。
⑤ 纪宜：《请看今日之扬州》，《南青》1948 年第 3 期，第 22 页。
⑥ 《扬州点滴》，《大公报》（天津版）1947 年 4 月 7 日，第 8 版。
⑦ 《南京中央日报周刊》1948 年第 5 期，封面第 3 页。
⑧ 凌羽：《扬州书店一瞥》，《大公报》（天津版）1947 年 2 月 12 日，第 12 版。

持，还有一些创新。"扬州饮馔，极为美备。"① "扬州出产的东西很不少，……吃的菜和点心味道也烧得很好，而且价钱很公道，……著名的饭菜有红烧狮子头菜，著名的点心有煨面等等。"② "扬州底小菜是著名的，扬州底干丝更是遐迩皆知，全国闻名。"③ 小金山的素食"是非常的有名，穷朋友自然不敢问津"④。扬州美食为扬州的旅游业做出了贡献。

从某种意义上可以说，"扬州是整个中国的雏形"⑤。这是扬州，也是中国大多数城市的风情。

---

① 高梧轩：《绿杨城郭是扬州》，《旅行杂志》1934 年第 9 期，第 21 页。
② 平君：《扬州风光》，《扬子》1935 年第 1 期，第 6 页。
③ 江北佬：《天赋特性的实写》，《社会周报（上海）》1934 年第 9 期，第 174 页。
④ 谢鹤松：《扬州剪影》，《更生（上海）》1937 年第 7 期，第 45 页。
⑤ 陈汝衡：《谈扬州（下篇）》，《文化通讯（上海）》1934 年第 2 期，第 27 页。

南宋盱眙古城墙遗址考略

黄添威[*]

摘　要：盱眙古城墙遗址是盱眙县境内保存较好的一座古城墙，城内遗物以宋金时期的陶片、瓷片和建筑构件为主，为研究宋金战争提供了实物见证。本文依据历史文献对盱眙城的相关记载，结合考古资料，梳理出了盱眙古城墙建设的经过，并总结其布局特征。

关键词：南宋　盱眙　城墙　宋金战争　淮河

盱眙古城墙遗址，位于江苏省淮安市盱眙县盱城街道范围内，现今残存在天台山、戚大山、象山、第一山、天龙山一带，是宋金战争时期南宋在淮河下游修筑的城墙防御工事，是南宋防御体系的重要组成部分。2009年，将天台山烽火台遗址认定为第三次全国文物普查文物点以来，2015年，将盱眙古城墙遗址认定为盱眙县文物保护单位，2017年，该遗址被认定为淮安市文物保护单位，2019年，该遗址被认定为江苏省文物保护单位。作为大运河文化带的一个节点，该遗址近年来备受关注，虽然也有调查散记性质的文章，但并无系统整理。本文依据相关文献，以南宋史料及官刻本为主，结合盱眙古城墙遗址现状，试图梳理出盱眙古城墙建设的经过，并总结其布局特征。

---

* 黄添威，男，江苏南京人，南京艺术学院文物鉴赏与修复专业毕业，现为盱眙县博物馆助理馆员，研究方向为博物馆管理。

一　盱眙古城墙修筑背景

早在北宋末年，盱眙的地理位置就备受重视。宋徽宗赵佶认为江淮地区的百姓行为不稳重，容易招摇，盗窃的情况屡有发生，太平的日子久了，部队的能力和势力不足，如果有紧急情况发生，难以在淮河长江一带抵御，因而有必要做好基层治安社会防控工作。《嘉定镇江志》① 记载："大观元年（1107 年）十二月，御笔：江浙之民，轻扬易摇，盗窃间作。承平日久，兵弱势单，一有警急，无以制御，阻淮带江，不可不防。"② 在盱眙等江淮沿岸划分了管辖区域，设置了营地，配备了巡检（即基层治安官），给予 200 名配备武器的士兵和 5 条渔船，巡检与地方上的县尉共同负责社会治安工作，除了打击犯罪以外，还承担跨区域的缉私职能。"可相度于杭越之钱塘、西兴，杨润之瓜洲、西津，淮口之盱眙、临淮，各置都巡检一员，兵给二百人、刀鱼船五只，各于江淮岸侧置营廨，屯守分部地界，凡沿淮巡检悉隶之，以时巡察奸盗。"③

绍兴三年（1133 年）五月，淮东宣抚使韩世忠接到宋高宗诏令，派遣手下解元、杜琳率领部队开始驻守盱眙。"初淮东宣抚使韩世忠，遣统制官解元、杜琳等，将兵渡淮北去，至是，诏世忠：'金人已约讲和，所遣两军，且驻盱眙，勿侵齐国之境。'"④ 自建炎四年（1130 年），刘豫在金朝的扶植下，建立伪齐，南宋与金朝的军事摩擦一直不断，地区间普遍存在不安定因素，双方都有地区被攻占，虽然双方签订了协议，但协议的作用有限。盱眙地处战争前线，江淮地区此时仍然隶属于南宋，南宋正调兵遣将，应对地区战事冲突。

---

① 《嘉庆江都县续志》也记载了下述内容，并明确出自《宋大观元年置瓜洲都巡检御札》，并将"江浙之民"校勘为"江淮之民"。
② （宋）卢宪：《嘉定镇江志》，清道光二十二年丹徒包氏刻本，10 卷，第 147 页。
③ （宋）卢宪：《嘉定镇江志》，清道光二十二年丹徒包氏刻本，10 卷，第 147 页。
④ （宋）熊克：《宋中兴纪事本末》，清雍正景钞宋本，25 卷，第 265 页。

　　绍兴五年（1135 年）①，李纲上奏提出：长江、淮河沿岸应该增加修筑城池营垒。《李忠定公奏议》记载了他的奏本《乞沿淮汉修筑城垒札子》，他提出："诸将移重兵，于江北料理营田、葺治城垒，则藩篱可成，今大将，既已移屯矣，营田既已施行矣，楚泗既已修筑城垒矣，惟是沿淮如庐寿、沿汉江如襄邓等处尚未措画。"② 金人屡次迅速南下引起南宋官员反思，李纲给出的对策是要做好防守工作，能退才能进，要筑垒屯兵，加强城池建设，"臣愿陛下降诏刘光世、岳飞乘士卒之暇，以渐修筑，如韩世忠之于楚，张俊之于盱眙，杨沂中之于泗，使名城坚垒，绵亘相望，以张国势，以沮敌心，又命朝廷选通知古今，臣僚按行淮汉深考，古迹要害控扼之地，如濡须坞牛渚圻之类，筑垒屯兵，益务自固，使犬羊无侵突之虞"③。李纲在奏折中建议刘光世、岳飞所率领的军队，利用闲暇时间，修建城墙及防御工事。另外，此段内容也透露出，此时盱眙地区的军事力量已经由南宋被称为"中兴四将"之一的张俊统率。当时，张俊和韩世忠所率领的部队是南宋的王牌军队，他二人也被宋高宗比喻为左右手。在李纲等人的推动下，到南宋末年，江淮地区掀起了筑城的高潮。

　　绍兴六年（1136 年）二月，《宋名臣言行录》记载："都督张浚至江上，会诸大帅，浚于座中独称先臣可倚以大事。乃命韩世忠屯承、楚，以图淮阳。刘光世屯庐州以招北军。张俊屯盱眙，杨沂中为俊后翼。"④ 此时张浚出任南宋右丞相已一年，张俊所部改称行营中护军，他为淮西宣抚使，在盱眙驻扎。虽然张俊是地方战区的重要将领，但张浚的官职比张俊的官职要高，两人皆为当时的朝廷重臣、中坚力量。

---

① 此为推断年份，《李忠定公奏议》未记载奏本时间，《右编》〔（明）唐顺之著，明万历三十三年南京国子监刻本，40 卷，第 1314 页〕也有上述内容的相同记载，并补充了李纲此时的官职为江西安抚制置大使，经查史料，绍兴五年（1135 年），他开始担任该官职。
② （宋）李纲：《李忠定公奏议》，明正德十一年胡文静萧泮刻本，78 卷，第 578 页。
③ （宋）李纲：《李忠定公奏议》，明正德十一年胡文静萧泮刻本，78 卷，第 578 页。
④ （宋）朱熹、李幼武：《宋名臣言行录》，四库全书本，8 卷，第 1042 页。

二　盱眙古城墙建设的经过

绍兴六年（1136 年）五月，《建炎以来系年要录》记载："定江、昭庆军节度使、开府仪同三司、江南东路宣抚使张俊加崇信奉宁军节度使，进屯盱眙，右仆射张浚命依山筑城。"①《皇宋中兴两朝圣政》也有相同记载。② 从中可以看出，盱眙古城墙的开始建立时间可以确定为 1136 年，下令修筑城墙的人是时任南宋右丞相的张浚，具体修筑城墙的执行者是时任地方战区将领的张俊。

在修筑城墙期间，工程量大，人员辛劳。史料记载："是役也，兴于盛夏，自下运土而上者，皆有日课，望青采斫，数十里间，竹木皆尽，劚掘新旧冢，莫知其数，人甚苦之。城成，无水可守，亦无樵采。"③ 工程开始于盛夏时间，从山下往山上运土，每天规定要完成工作量，城垣之外所有竹木悉数砍尽，清除了数不尽的坟冢，若有来犯者，则无处藏身。当城墙建成之后，无水可守，周边都没有树木可以采伐。南宋左丞相赵鼎虽然不认可修城的行为，但仍然认为修筑过程太辛苦，"德远（张浚字）误矣，是虽不为资敌之具，然当念劳人也"④。

然而，在修筑城墙期间，张俊的部下却对伪齐的部队仍有些许疑虑恐惧，张俊希望能增加兵力，他的部下却想放弃盱眙，绍兴六年八月，"张俊方驻军泗州，亦请益兵，众情汹惧议，欲移盱眙之屯，退合肥之戍，召岳飞尽以兵东下"⑤。右丞相张浚竭力反对上述看法，希望将领们能鼓舞士气战斗起来，回复说："贼豫之兵以逆犯顺，若不剿除，何以立国，平日亦安用养兵为？今日之事，有进击，无退保。"⑥ 而后，朝廷采用了他的建议，"八月至行在，时张俊军已进屯盱眙，三帅鼎力，而岳飞遣兵入伪地，

① （宋）李心传：《建炎以来系年要录》，清史学丛书本，10 卷，第 2536 页。
② （宋）留正：《皇宋中兴两朝圣政》，宛委别藏影印宋钞本，64 卷，第 444 页。
③ （宋）李心传：《建炎以来系年要录》，清史学丛书本，10 卷，第 2536 页。
④ （宋）李心传：《建炎以来系年要录》，清史学丛书本，10 卷，第 2536 页。
⑤ （宋）朱熹、李幼武：《宋名臣言行录》，四库全书本，8 卷，第 1044 页。
⑥ （宋）朱熹、李幼武：《宋名臣言行录》，四库全书本，8 卷，第 1044 页。

直至蔡州，焚其积聚，时有俘获"①。

绍兴六年（1136 年）九月初七日，宋高宗晚上在吴江县停泊，《忠正德文集》记载，"张俊遣其属史愿、韩世忠遣其属张偒来禀议"②。随着工程进度的推进，张俊派遣部下，向宋高宗汇报城墙的建设情况，"愿言：俊营盱眙寨，工料甚大，今始及半，月役战士二万，俊时亲负土，以率将士。且乞应副楼橹，并发江东西壮城兵，以助役也"③。从中可以看出，盱眙城墙营寨的建设已经进度过半，所需工料甚多，每月需要 2 万名士兵工作。将领张俊身先士卒，自己背土上山，提升士气。希望朝廷能给予用以瞭望、攻守的楼橹，同时发动人员当兵参加劳役，以便于尽快完成工程。

在修筑城墙的过程中，朝廷官员对于这项工程也有不同看法。绍兴六年九月十二日，左丞相赵鼎向宋高宗汇报韩世忠的建议，韩世忠不认可张俊建设盱眙城墙，想让张俊渡江主动出击引诱金兵，再两军合击之。《建炎笔录》记载："世忠之意，不欲张俊筑城，便欲令向前，勾引金人近前，我得地利，合军一击，便见得失。今日得城，明日得县，无益也。窃恐劳役之久，别有事生耳。臣之愚见，若初议遣俊等渡江，径之淮北，或攻宿、或取徐，得则进，否则退归，出入不常，使贼罔测，是亦一策。"④ 随后左丞相赵鼎给出自己的建议，不如让张俊"止屯淮上，初云筑山寨，亦复不知修城工役如此之大，臣深恐城未及就，贼已有动息。欲守，则无地可归；欲战，则不保必胜"。他认为在当前的状况下，要先确保固守，可以将建设工程的体量减小，只建设一个小堡垒，"臣已尝与张浚等商量，若只筑一小堡，可屯万人，选精锐守之，劫寨腰、截断粮道等皆可为之。大军依旧坐据长江之险，贼既不能遽渡，则不无回顾之虑，如此似为稳当"。宋高宗认为他说的很有道理，赵鼎在与张浚商量后，让张俊继续在淮河上驻扎军队，另外再建设一个坚固的城池。"上以为然。乃曰：'浚意如何？'某曰：'浚初有商量之意，徐徐议论，但以岳飞牵制于后，贼若抽

① （宋）朱熹：《晦庵先生文集》（宋庆元嘉定间），2 卷，第 4349 页。
② （宋）赵鼎：《忠正德文集》，四库全书本，10 卷，第 209 页。
③ （宋）赵鼎：《忠正德文集》，四库全书本，8 卷，第 206 页。
④ （宋）赵鼎：《建炎笔录》，清函海本，3 卷，第 23 页。

兵稍回，山东空缺，则世忠必再为淮徐之举，贼且自救不暇，安能窥吾淮甸。使俊筑一坚城池，屯军淮上，临宿、亳，贼且疲于奔命，此恢复之端也。此策甚善，但臣之所虑，今冬防拖数月之事，俟来春更筑一堡，不失为此计耳。自古用兵，变化不同，初无定论，然先议守而后论战，乃保万全也。'上然之。"① 赵鼎并没有完全否决张浚在盱眙筑城的行为，他只是对城防工事的规模有些看法，希望能在宿州、亳州附近再修筑一个城池用于防御。他自己也认为战事变化无常，要能守方能战。因而，盱眙筑城的工程得以继续推进。

绍兴七年（1137年）九月十三日，此时盱眙古城墙在耗费了大量人力物力后，已经修筑了27里，淮河以北的泗州城已经修筑完成。但是在八月，却发生了淮西兵变，南宋军队原隶属刘光世所部的统制官郦琼、王世忠、靳赛等发动叛乱，向金人傀儡伪齐刘豫投降，于是张浚向皇上上奏，对于自己近期的行为进行自我批评，将自身近期所做的行为归纳为"二十条罪"，请求责罚，尤其将自身在盱眙筑城的行为归纳为第二条罪状。《三朝北盟会编》记载："置戍守之城当度其所宜，以据要害，今泗州之城乃在淮之北，宜小而坚，而今盱眙之城围二十七里，虚费公私之力，无补捍御之事，罪二也。"② 将盱眙筑城之事放置在第二条罪状，可以推测当时的朝廷以及官员们对于此事是颇有意见的，左丞相赵鼎与右丞相张浚政见不合，虽然张浚力推建设盱眙城，但他自身也认识到了时间紧迫，一开始计划建设的盱眙城防工事体量较大，耗费精力。随后张浚引咎辞相，于绍兴八年（1138年）二月，被贬谪至永州居住，可以推测此时城墙的建设中断。随后，宋金绍兴和议，盱眙从绍兴十二年（1142年）至绍兴二十九年（1159年）被设置为官方指定的货物交易商埠榷场。

嘉定十年（1217年）九月十一日，史料记载，盱眙古城墙基本修筑完成，《宋会要辑稿》记载，"盱眙军屯驻镇江都统刘倬言：'窃见盱眙新垒

---

① （宋）赵鼎：《忠正德文集》，四库全书本，8卷，第210页。
② （宋）徐梦莘：《三朝北盟会编》，四库全书本，250卷，第3521页。

屹然山巅，下视泗州，动息毕见，一望彼界，百里坦平'"①。此时泗州被金军占领，军事力量薄弱，盱眙新筑的城池占据了地理优势，大量宋军屯兵于边境，盱眙作为战争前线，亦屯有大量重兵，却出现了意想不到的问题。"众宿滩宿港，暴露经时，士卒良苦"。② 刘倬不得不向上呼吁，建议撤减戍兵。

嘉定十一年（1218 年）冬十月，《宋史》记载："壬戌（二十四日），修盱眙军城。"③ 史料中关于盱眙古城墙修筑完成的时间并没有更多记载，此处时间可以推测为阶段性的盱眙古城墙已经修筑完成的时间。在《宋史》《宋史全文》以及之后《成化中都志》等明清正史中皆采信了这种说法。当时盱眙县的地方政府崩溃，各路豪杰自立山头，农民起义军李全率领部队与涟水忠义军杨安儿余部季先等部在盱眙共同抵御金军。

绍定五年（1232 年），宋将张惠将盱眙城献给金朝后投降，金朝改盱眙军为招信军，辖天长、招信两县，隶属于淮南东路。在盱眙古城墙遗址附近，历史文化爱好者发现了刻有"招信军"铭文的城砖，④ 可以证明金朝和蒙古（元朝）统治过盱眙一段时间，为了与南宋交战，也对盱眙古城墙加固利用。随后盱眙古城墙淡出视线，直到清朝。

在《光绪盱眙县志稿》中，记载了一篇当时的县令郭起元申请重修城墙的奏议，他派遣手下，发现盱眙古城"遗砖断石，零落于荒榛野蔓间，询之父老，言城址袤延上下"⑤。他提出现在盱眙如遇战事，则无城可守。明代永乐年间，将原先城墙拆毁，一是因为明祖陵祖制的问题，二是燕王朱棣担心在盱眙驻守的军队攻打南京。虽然光绪年间盱眙县令郭起元提出复建城墙的请求，但从实际情况看，复建古城墙的可能性及其规模应该很小。

---

① （清）徐松：《宋会要辑稿》兵六。
② （清）徐松：《宋会要辑稿》兵六之十。
③ （元）脱脱：《宋史·本纪第四十·宁宗四》。
④ 周君牧：《盱眙现代石屋竟拆出大量南宋古城砖》，http://www.hawszl.gov.cn/lgxd/2019-01-14/5576.html。
⑤ （清）郭起元：《介石堂集》，清乾隆刻本，3 卷，第 274 页。

三 盱眙古城墙的特点及考古补遗

在南宋末年，宋金战争期间，盱眙的战略地位一直以来都备受重视，《通鉴地理通释》记载："张魏公曰，淮东宜于盱眙屯驻，以扼清河上流。"① 盱眙、天长、南京六合一带，都是平原沃土，河湖密布，而盱眙是防守的关键地方，在这里做好战争的准备工作是未来进攻的资本。"真氏曰，欲顾两淮，先防三口，天长县去盱眙军百四十里。西门趋盱眙，南门趋六合，东门趋扬州，自扬至盱眙凡数百里，平畴沃壤，目亡际重，湖陂泽渺漭相连，田野之民又皆坚悍强忍，此天赐吾国，以为长江之屏障，使强兵足食，为进取之资也。"②

盱眙古城墙的结构、城门和相关地名在宋元时期并没有相关记载，后代的《肇域志》记载得较为详细："盱眙城在县境极北，盱山之麓，淮水之阴，半枕山上，半临冰滨，旧有六门，东曰陈门，西曰玻璃，南曰南门，又谓大南门，在蛤蜊坝，今时为十字街者，谓之小南门，北曰水门又名淮汴门，东北曰慈氏又名庆先门，今俗又称山口门，西南曰宝积，此皆宋名也，今俱废，惟遗址存。淮汴券门尚存，盖筑自秦时，六朝称城小而坚。宋为边方雄镇，常宿重兵，嘉定十一年修盱眙军城，本朝洪武初尝修，置镇淮卫，至永乐间废。"③《成化中都志》也有相关记载。

而盱眙古城墙修筑的长度，可以推测为 27 里。源于《三朝北盟会编》载"而今盱眙之城员二十七里"。④ 后代的《盱眙县志》《光绪盱眙县志稿》也都采用了这种说法。

2015 年，盱眙县博物馆在工作中发现了盱眙县古城墙遗址的痕迹，

---

① （宋）王应麟：《通鉴地理通释》，元刻明正德三年修复本，14 卷，第 378 页。
② （宋）王应麟：《通鉴地理通释》，元刻明正德三年修复本，13 卷，第 378 页。
③ （清）顾炎武：《肇域志》江南六，清钞本，第 369 页。
④ （宋）徐梦莘：《三朝北盟会编》，四库全书本，250 卷，第 3521 页；（宋）李心传：《建炎以来系年要录》，四库全书本，14 卷，第 2811 页。

2018 年 3 ~ 9 月，盱眙县博物馆联合南京市考古研究院对盱眙古城墙遗址
进行了考古发掘。[①]

从调查和考古发掘的结果可以看出，城墙主要分布在天台山、戚大
山、象山、第一山、天龙山一带，经过初步测量，总长度约为 8.11 千米，
城墙依山势而建，墙体呈梯形，下宽上窄，位于山体的半山腰，现存高度
及宽度不等。残高 3.5 ~ 7 米，宽为 15 ~ 22 米，从破损的断面上观察，其
构造基本一致，主要是内侧用土夯筑而成，外侧用长方体条石堆砌而成，
使用了以糯米浆和石灰等混合而成的黏合剂，砖块间连接紧密，难以分
割，城墙砖块大小不一，均为长方体砖石，砖块大的长约 120 厘米，宽约
60 厘米，小的长约 50 厘米，宽约 20 厘米，也有部分因自然风化和坍塌形
成的碎砖，数量较多，砖体未发现铭文及纹饰。城墙在山体转角处筑有凸
出墙体的圆形瞭望台，目前共发现尚存四处大小不等的疑似马面（瞭望
台）建筑，同时还发现有年代不详，疑似水井构造的设施。

从出土器物来看，出土标本较少，有瓷片、陶片、钱币、滚石、装饰
性建筑构件等。瓷片有青瓷、窑变瓷，无完整器，器形以碗、盏为主。钱
币为铁钱，锈蚀严重，钱文不识。滚石为火山岩石，外表疏松多孔，可以
推测来自本地的仇集清平山。受限于条件，本次发掘仅是简单发掘，并未
深入。

四　结语

盱眙古城墙遗址是南宋末年一段保存得较好的、时代较为明确的古城
墙遗址，对于盱眙古城墙的考证认定，填补了盱眙宋代考古的空白，有助
于研究南宋时期盱眙县城的规模、建置，也有助于认定同一时期相同规模
的其他城址。对于研究宋金对战时期的军事战争史有十分重要的意义。

时至今日，盱眙古城墙遗址虽已越来越多地受到社会各界关注，周边

---

① 黄添威：《盱眙古城墙遗址和涧沟渡水利设施遗迹考古发掘项目通过验收》，《淮安日报》
2019 年 8 月 6 日，第 C2 版。

第一山历史文化街区已经基本完成古建修缮，进行了保护，逐步推行商业化开发，但古城墙遗址的保护状况仍然不容乐观。古城墙遗址具备丰厚的历史、文化、旅游属性，但也存在自然风化和生产活动的不利影响，虽然已经叫停了依山修筑的新坟冢，但近现代修筑的坟冢尚未迁离，对于古城墙遗址的保护和利用需要多部门配合协调。同时，关于盱眙古城墙遗址，仍然存在许多疑问，还需要进一步深入调查发掘研究，这将有利于推动整个大运河文化带流域山城寨堡的研究。

大运河文化
及"一带一路"

运河经济对清代淮扬一带民间
戏曲音乐的影响

——以"徽班进京"事件和"十番锣鼓"形成发展为例

魏怡勤 *

摘　要：京杭大运河自隋朝开凿贯通以来，历数百年几经变迁，其南北漕、盐航运功能不断增强与改善，成为历朝经济社会的大动脉。本文以"徽班进京"事件和"十番锣鼓"形成发展为例，论述运河经济对沿河城镇民间戏曲、音乐文化发展所起的促进作用。

关键词：京杭大运河　运河经济　淮扬　徽班进京　十番锣鼓

一　流淌千年，几经变迁，大运河成为
沟通南北的经济命脉，漕盐运输
带动江淮沿线城镇繁荣富庶

京杭大运河是我国最早开凿的运河之一，而自淮安流经扬州邗江流入长江的 120 多公里的河段被称为"里运河"。它开凿于周敬王三十四年（公元前 486 年），史称"邗沟"，扬州辖段全长 124.52 公里，是全国、全

---

* 魏怡勤，江苏扬州人，研究馆员，现在扬州大学广陵学院从事教学和史料编研，研究方向为清廷档案和地方文史。

省主要的内河航道。① 隋大业元年（605 年）至六年（610 年），隋炀帝修凿贯通了大运河。13 世纪，元朝建立，政治中心移到北京以后，为了缩短从北京到杭州绕道洛阳的航线，从 1283 年开始，历十年先后挖通了通惠河、会通河、济州河。将运河改成直线后，航程比隋代大运河缩短了七八百里。

京杭大运河南北贯通，使沿线城镇迅速崛起。北京、天津、临清、济宁、淮安、扬州、苏州、杭州等城市成了全国性的漕运码头、商业中心，这些城市集中了全国各地的物品甚至国际性的商货。城中商贾辐辏、店铺林立、车马交驰。运河中轴橹云接、帆樯如林，一派兴盛、繁华的气象，而市民衣食住行、娱乐生活的丰富程度也远远高于非运河区域。② 元、明两代，通过大运河漕运至京的粮食逐年递增，最多年份曾达到 500 万石，基本满足了宫廷、官府、军队和市民等的需求。

到了清代，大运河更是沟通南北的经济命脉。除大量粮食北运，食盐集散运输外，运河还是南北方土特产品、丝绸、建材等重要物资的运输通道。随着运河的运力不断增加，南北经济的发展，商人往来不绝，商品的流通、人口的集聚加快了江浙一带经济发展。特别是江淮的运河沿线区域很快成为全国重要的财富集中地区，带动运河两岸的城镇迅速繁荣起来，扬州、淮安等地先后成为当时著名的商业都会。

扬州作为沿运河枢纽城市，沟通着南北东西，自然成了五方杂处、群英荟萃之地，也促使文化交流中心的形成。清康雍乾时期，朝廷多次投入大量人力物力，开凿皂河和中河，加固高家堰和淮扬段运河的堤防及减水闸坝，重点治理清口和运口，疏浚运河及归江归海河道，使运河在康雍乾时期保持了良好的通航条件，发挥了封建王朝晚期黄金水道的巨大作用，为漕运和盐运的兴旺畅达提供了可靠保证。③ 由此，扬州再度出现空前繁荣的局面，成为当时全国极其著名的商业城市。个中原因，无非还是它的水运枢纽地位，南北漕运的咽喉，以及中部省区食盐供应的重要基地。

---

① 曹永森：《扬州特色文化》，苏州大学出版社，2006。
② 郑民德：《大运河与中国历史》，《档案与建设》2019 年第 12 期，第 72～73 页。
③ 扬州市档案局、扬州市地方志办公室：《落日辉煌话扬州》，黄山书社，2001。

　　地处扬州北端的淮安位于大运河的中部，自明成祖迁都北京，改海运为漕运后，遂成为运河交通的枢纽，其政治地位迅速得到提升，社会经济走向繁荣，成为京师以外的关键城市之一。当是时，南船北马会集于此，淮安时有"七省通衢"之称。① 《光绪淮安府志》描述其繁华的盛况时写道：

> 　　自府城至北关厢，由明季迄国朝，为淮北纲盐顿集之地，任醝商者皆徽扬高资巨户，役使千夫，商贩辐辏；秋夏之交，西南数省粮艘衔尾入境，皆停泊于城西运河，以待盘验；牵挽往来，百货山列；河督开府清江浦，文武厅营，星罗棋布，俨然一省会；帮工修埽，无事之岁，费辄数百万金，有事则动至千万……②

　　事实表明，京杭大运河的航运促进沿线城镇的繁荣和发展是毋庸置疑的。据资料统计，在清后期的一个年度里，仅江苏苏松道、浙江、江西、湖南、湖北通过扬州、淮安漕船计有 2659 只；运丁计有 26590 人。此外还有众多的催攒、押运、领运官员以及防河官兵等。③ 这些数量巨大的运丁及众多官兵，多要停留，需要上岸吃、住，这些给了扬州、淮安等城镇带来巨大商机。于是，以南粮北运为主要功能的运河遂成变相商路，对沟通南北经济和文化的发展与交流，利莫大焉。④ 便利的运河交通，大量人口的集聚，车船如织，百货山积，推动了专业性商业街巷和市场的出现。市井的繁盛、旺盛的需求，也助推了地方戏曲、音乐文化的形成和发展。

---

① 张强：《漕运与淮安》，《东南大学学报》（哲学社会科学版）2008 年第 7 期，第 96 ～ 103 页。
② 孙云锦修，吴昆田、高延第纂《光绪淮安府志》卷二。
③ 张强：《漕运与淮安》，《东南大学学报》（哲学社会科学版）2008 年第 7 期，第 96 ～ 103 页。
④ 谭汝为：《天津漕运文化概述》，《天津市社会主义学院学报》2014 年第 4 期，第 53 ～ 57 页。

二 人口集聚，供需两旺，戏曲艺人流入城镇，不同剧种流派百花争艳，为"徽班进京"打下基础

在清代中叶，我国剧坛上，除了昆曲之外，民间的地方戏曲兴盛起来，如梆子腔、秦腔、徽调、楚调等，逐步形成花部（也称乱弹，指民间戏曲）与雅部（指昆曲）争胜的局面。当时戏曲演出活动的中心，北为北京，南为扬州。北京是全国的政治、经济、文化的中心，也是戏曲荟萃的地方。扬州则位于长江和运河的交汇之处，商业发达，当时又是盐商集中的所在。"商路即是戏路"，随着大运河盐漕运输功能的不断拓展完善，诸多商贾、艺人等通过水陆两路纷纷来到扬州，定居扬州，成为新市民。急速增长的常住人口，致使城区面积不断膨胀，至明代末期，就已形成了以小秦淮河为东、西界的新、旧两个城区，新城的面积超过旧城两倍。与此同时，星罗棋布的剧场、戏院应运而生，这就为纷至沓来的各地演出班子、梨园艺人提供了一展身手、比试竞技的舞台。

有学者认为，地方戏曲的繁荣应具备两个基本条件：要有相对固定的看戏人群；想看戏的人要有钱。这就要求：一是人口居住相对集中，即城镇发展要有一定的规模；二是当地的经济比较繁荣。[①] 而康乾时期的扬州，凭借运河漕盐运输独特优势，市井相连、商旅辐辏、富商大贾云集，进入当时世界十大城市之前列。[②] 另就徽班而言，起初活跃于安徽、江西、浙江等省，后来扬州成为南方戏曲演出中心，各大徽班纷纷会聚在扬州梨园表演。乾隆帝南巡之时，扬州盐商出资承担了很多具体的演出任务，使徽班队伍不断发展壮大。

徽剧本来是一个土生土长的地方戏，最初的腔调只有徽州腔、青阳腔等，在扬州数十年的演出实践中，徽班广泛吸收了弋阳腔、昆山腔、梆子

---

① 刘九伟：《浅论大运河与中国戏曲的发展》，《淮阴工学院学报》2018 年第 6 期，第 146 ~ 147 页。

② 扬州市档案局、扬州市地方志办公室：《落日辉煌话扬州》，黄山书社，2001。

腔等声腔，也吸收了其他地方戏的声腔曲调的特长，加以兼蓄融合，以丰富和发展自己，从而形成了自己独特的艺术风格。特别是进京的徽班，不只拥有自己独具特色的声腔和表演艺术，而且还网罗了其他流行的剧种声腔。这就使它成为一个不同于其他单一声腔的综合性戏班，它能将各种声腔曲调会聚在同一出戏里，既高亢激越，又浑厚深沉。加之徽剧剧目题材广泛，不少内容来自民间，积累了大量的民间生活题材的小戏，思想清新，形式上生动活泼，同时又拥有诸多反映社会政治题材的正剧，剧目丰富，能做到雅俗共赏。徽班的演员具有精湛的技艺，进京的徽班，其演员是经过精挑细选的。他们个个身怀绝技，大多是尖子人才，徽剧行当一应俱全，有文有武，有唱有做，表演与声乐艺术水平较高，所以在它留京以后，很快便在民间演出中扎下根来，争得了有各种戏曲爱好的京城观众。

在众多徽班中间，有四个最负盛名，后人称其为"四大徽班"，即三庆班、四喜班、和春班、春台班。其中，三庆班由安徽籍的扬州盐商江鹤亭组建，有享誉江南的戏曲演员高朗亭做台柱子，还聘请了一些擅长作词作曲的名家为戏班指导演出。

清乾隆五十五年（1790 年），适逢乾隆帝 80 岁生日，为给乾隆帝祝寿，朝廷从扬州征调了以著名戏曲艺人高朗亭为台柱子的三庆班入京，成为徽班进京的开始。此后又有四喜、启秀、霓翠、和春、春台等安徽班相继进京。在演出过程中，六班逐步合并成为著名的三庆、四喜、春台、和春四大徽班。三庆班进京，原本只为进宫祝寿演出而来。徽戏曲调优美，所演之剧通俗易懂，且具有浓郁的生活气息，因此受到了北京观众的欢迎。这样，三庆班演完祝寿戏欲罢不能，四喜班、春台班、和春班便也跟着留在北京继续进行市井演出，并逐渐称雄于京华的剧坛。百余年间，四大徽班继续促进二黄与西皮的交融，将皮黄唱腔发展成熟，并实现了徽调、楚调、昆曲、京腔、秦腔等剧种的合流，催生了京剧。因此"四大徽班"进京被视为京剧形成的标志性事件。

对于"三庆"徽班戏的构成及其艺术特色，清代李斗在《扬州画舫录》卷五中做了专门记述：

郡城花部，皆系土人，谓之本地乱弹，此土班也……本地乱弹只行之祷祀，谓之台戏。迨五月昆腔散班，乱弹不散，谓之火班。后有以梆子腔来者，安庆有以二簧调来者，弋阳有以高腔来者，湖广有以罗罗腔来者，始行之城外四乡，继或于暑月入城，谓之赶火班。而安庆色艺最优，盖于本地乱弹，故本地乱弹间有聘之入班者。京腔用汤锣不用金锣，秦腔用月琴不用琵琶，京腔本以宜庆、萃庆、集庆为上。自四川魏长生以秦腔入京师，高朗亭入京师，以安庆花部，合京秦两腔，名其班曰三庆，而曩之宜庆、萃庆、集庆遂湮没不彰。[①]

从这段文字可知，进京的三庆徽班，是在扬州称之为"台戏"的本地剧种"乱弹"的基础上，汲取梆子腔、二黄等多地、数种民间戏曲的特长，提炼整合成了全新的曲调和表演形态。这样集众家之长，它就具有了广泛的地域覆盖性，且生活气息浓郁，表现风格丰富多彩，能够在京师这样各地人群集聚之地站稳脚跟，赢得观众，因此自乾隆年间直至清末，徽班能称雄京华剧坛，享誉大江南北。

三　南北交互，兼收并蓄，"十番锣鼓"扎根民间，注重传承与创新保护，被列入国家级非遗项目

"十番锣鼓"为活跃于民间的吹打乐种，它于明万历末年（约 1620 年）在苏州一带流行，演奏者"堂名"在城乡各地相当普遍，仅古城区知名的"堂名"便有几十个。

明朝时余怀所著《板桥杂记》中已提到万历末年南京秦淮河一带游客演奏"十番锣鼓"的情景。清时钱泳《履园丛话》载："忆于嘉庆己巳年（1809 年）七月，余偶在京邸，寓近光楼，其与圆明园相近。景山诸乐部演习十番笛。每于月下听之，如云敖叠奏，令人神往。"由是可知，从民

---

① （清）李斗：《扬州画舫录》，周光培点校，江苏广陵古籍刻印社，1984。

间艺人演奏"十番锣鼓"的历史来看，可上溯到清代中叶，它至少在 17 世纪已在我国南方流传，到 19 世纪初叶，"十番锣鼓"仍盛行于北京宫廷。

李斗在《扬州画舫录》中详细地记载了当年扬州虹桥"歌船"中演奏"十番锣鼓"的情况和乐队编制特点：

> 十番鼓者，吹双笛，用紧膜，其声最高，谓之闷笛，佐以箫管。管声如人度曲，三弦紧缓与云锣相应，佐以提琴。鼍鼓紧缓与檀板相应，佐以汤锣。众乐齐乃用单皮鼓，响如裂竹。所谓"头如青山峰，手似白雨点"，佐以木鱼檀板，以成节奏，此十番鼓也。是乐不用小锣、金锣、铙钹、号筒。只用笛、管、箫、弦、提琴、云锣、汤锣、木鱼、檀板、大鼓十种。故名十番鼓，番者更番之谓，有花信风、双鸳鸯……①

对于"十番锣鼓"的表演时节以及不同的称谓，《扬州画舫录》也做了记述：

> 锣鼓盛于上元、中秋二节，以锣鼓铙钹，考击成文，有七五三、闹元宵、跑马、雨夹雪诸名。土人为之，每有参差不齐之病。镇江较胜，谓之粗锣鼓。南巡时延师演习，谓之办差锣鼓。②

清末，随着运河经济的凋敝，昔日的繁华不再，"十番锣鼓"也在扬州城逐渐萎缩，抑或被其他民间文艺形式所替代。从现有相关资料看，江苏省内"十番锣鼓"得以较好地传承和发展的，当属同是运河城市的淮安。

流传于淮安的又叫作"楚州十番锣鼓"，它将合唱、奏、敲打三个声

---

① （清）李斗：《扬州画舫录》，周光培点校，江苏广陵古籍刻印社，1984。
② （清）李斗：《扬州画舫录》，周光培点校，江苏广陵古籍刻印社，1984。

部集为一体。明清时期，漕运总督署所在的淮安是京杭大运河的重镇，南船北马交会也带来南北文化的交融，从京师流传下来的昆曲宫廷音乐经当地乐师孙毓卿的改造，加入锣鼓打击、管弦乐器和诗词咏唱，遂成"楚州十番锣鼓"。

　　清道光年间，老淮安（今淮安市淮安区）著名曲家孙毓卿将乾隆皇帝首次南巡随行乐团演奏的音乐，加上地方风俗的唱词及打击乐，改创成雅俗共赏的"楚州十番锣鼓"，又称武昆。当时，沿河一带曾有十多支演奏十番锣鼓的团体，其中最有影响的有以从事粮食行的商人为主的"粮安堂"，以从事杂货行人员为主的"敬安堂"和以从事布行人员为主的"善安堂"。

　　"楚州十番锣鼓"由于其音乐旋律、唱词、锣鼓点子的创新性和独特性，与其他地区十番锣鼓在演奏技巧、演奏方式上有一定的区别，并伴有较为浓郁的古代宫廷音乐韵味。锣鼓点子节奏变化较大。唱词内容优美、健康向上，多为歌颂劳动人民对生活的热爱和追求。楚州十番锣鼓以唱、敲、奏三个主体相互融合，演奏乐器包括 10 件打击乐器和 16 件弦乐器、弹拨乐器、吹管乐器（亦称"双管制"）。乐曲中常加入锣鼓曲牌，结尾也多以锣鼓曲牌为主，为衬托气氛、增强渲染力，器乐曲高潮处常加入锣鼓与器乐合奏。①

　　从"楚州十番锣鼓"的形成发展看，它是由宫廷昆曲音乐演化而来的，其间又融入了民间音乐人的创造。随着运河经济带来的文化交流，"楚州十番锣鼓"兼收并蓄、取长补短，形成了自身的地域特色，如独特的歌词和曲牌名，具有较高的实用价值和研究价值。②

　　盛行了 200 多年的"楚州十番锣鼓"，随着清末朝廷停漕改折命令的颁布实施，漕运总督府的职能随之停摆，漕运、盐运日见衰微，这项民间文艺形式也渐渐销声匿迹。到了民国时期，在民间偶尔仅有小规模的演出班子出现。进入 21 世纪以来，当地政府及文化部门重视运河文化发掘和保

---

① 部分参考淮安市国家级非遗项目"番音乐（楚州十番锣鼓）"申报材料。
② 部分参考淮安市国家级非遗项目"番音乐（楚州十番锣鼓）"申报材料。

护工作。2003 年，淮安区投入经费购置乐器、服装、道具，组织专业人员排练，湮没多年的"楚州十番锣鼓"获得新生。2007 年 4 月，"楚州十番锣鼓"被江苏省政府批准为首批非物质文化遗产重点保护项目之一。2008 年 1 月，又被国务院批准列入第一批非物质文化遗产保护项目。2011 年春天，作为江苏省首个区级非物质文化遗产传承基地，"楚州十番锣鼓传承基地"面向社会开放，与此同时，"楚州十番锣鼓"开始渐次出现在全国各地的舞台上。①

综合"徽班进京"事件和"十番锣鼓"形成发展两例，可见大运河在促进经济发展的同时，也给地方民间戏曲、音乐舞台的百花齐放带来强大动力。黄金水道方便艺人之间交流，淮扬一带的城镇可将本乡、外地的优秀剧种、民间音乐等，或引进，或输出，抑或兼而有之，诸多艺术流派和形式的交融碰撞、兼容并蓄、借鉴传承、改革创新，成就了"徽班进京"开创之举，也促进了"十番锣鼓"这项民间音乐的形成与发展。

---

① 部分参考淮安市国家级非遗项目"番音乐（楚州十番锣鼓）"申报材料。

大运河与淮扬菜系

侍　琴[*]

摘　要：被列为中国四大菜系之一的淮扬菜，凭借大运河滋养，历经千年传承发展至今，已成为上至国宴精品，下至寻常百姓的美味佳肴，蜚声海内外。本文借助典籍史料和相关事例，对淮扬菜的形成历史、发展动力、价值特色、保护传承等分别进行叙述分析，以加深社会对淮扬菜的认知与了解。

关键词：大运河　淮扬菜　隋炀帝

淮扬菜是与川菜、鲁菜、粤菜齐名的中国四大菜系之一，也是唯一以非省名命名而是以两个城市命名的菜系。淮扬菜始于春秋，兴于隋唐，盛于明清，光大于当代。淮安、扬州古时同为运河之都，明清以来，淮扬一带凭借大运河的交通优势，漕盐运达，商贸兴盛，城市繁荣。一方水土养一方人，山灵水秀之地孕育出丰富多元的饮食文化。淮扬菜根植于江淮文化，历经多年，淮、扬两地菜品相互借鉴、包容、融合，特色彰显。两地还同被命名为"中国淮扬菜之乡"。扬州是淮扬菜的发源地之一，在闻名中外的扬州"三把刀"中，代表扬州烹饪的"厨刀"居首位。值得一提的是，扬州被联合国授予"世界美食之都"称号，2020 年 4 月 18 日举行了揭牌仪式。

---

* 侍琴，扬州市档案馆馆员。

纵横千里　滋育淮扬

京杭大运河是我国最早开凿的运河之一，隋大业元年（605 年）至六年（610 年），隋炀帝修凿贯通了大运河。大运河南北贯通，使沿线城镇迅速崛起。其中，扬州、淮安等城市成了全国性的漕运码头和商业中心。万历《扬州府志》载："扬州饮食华奢，市肆百品，夸视江表。"[①] 特别是清代，借助漕盐运输的兴盛，淮扬两地城中商贾辐辏、店铺林立、车马交驰，一派繁华的景象。而市民的生活离不开衣食住行，便利的运河交通，大量人口的集聚，助推淮扬菜进入鼎盛时期。"腰缠十万贯，骑鹤下扬州"，人们冲的就是扬州的美味珍馐。淮扬菜注重刀工，刀法细腻，口味清淡，具有广泛的适众性，一些名菜传承多年而历久弥新，如名闻天下的扬州"三头"（指清炖蟹粉狮子头、扒烧整猪头、拆烩鲢鱼头）以及平桥豆腐、软兜长鱼、文思豆腐、三套鸭、虾籽烧蒲菜和文楼汤包等。

促进淮扬菜形成发展的动因之一是兼容并蓄。历史上扬州数度成为大都市，外地厨师趋之若鹜，纷纷来扬州献艺。由于水上交通的便利，扬州城云集了晋、陕、鲁、鄂、湘、粤、浙、徽、黔等地商贾巨擘。他们带来各地名厨名菜，丰富了淮扬菜。唐宋明清时期，扬州是重要港口，东南亚、西亚乃至欧洲等许多国家的商人往来扬州，许多异国风情饮食融入淮扬菜。

促进淮扬菜形成发展的另一动因是迎驾需求。康熙帝、乾隆帝南巡，扬州为迎圣驾，大摆宴席，山珍海味争奇斗艳。扬州盐商饮馔精琢，殆无虚日。他们讲求服色肴馔，奢靡之风极盛。每次宴会动辄数万钱。官员、盐商、文人频繁的饮宴活动，促进了扬州菜技艺的提高。

地处扬州北端的淮安，位于大运河的中段，自明成祖迁都北京、改海运为漕运后，遂成为运河交通的枢纽，社会经济走向繁荣，成为京师以外的关键城市之一。淮安又是"七省通衢"，南船北马舍舟登陆之地，当不

---

① 《扬州文库》第一辑第一册，广陵书社，2015。

同口味的人士会聚到淮安时，淮扬菜就形成兼收并蓄的饮食特点和风格。晚清著名的经学家丁晏指出："淮土跨徐、扬之境居南北之冲。江南诸郡文物华丽而或失之浮；河北诸郡气质颛固而或失之野。惟淮阴交错其间兼擅其美，有南人之文采而去其浮，有北人之气节而去其野。"① 《清稗类钞·饮食类》列举的天下精美筵席共有五种，其中，淮安人创制的全羊席和全鳝席就占了两种。此外，漕、河、盐、榷四大中央派出机构同时驻扎淮安，巨商大贾会聚在此，各地人士会聚淮安，则为淮扬菜兼有南北口味的特点奠定了坚实的基础。②

正是因为清代扬州与淮安具有著名的商业都会地位，城市繁华富庶，淮扬菜历久弥新，传承发展。

帝君南巡 御膳留痕

上文提到，淮扬菜的形成发展与帝王的巡幸不无关系。一千多年来，有史记载，最早巡幸扬州的当数隋炀帝。《隋书·卷三·帝纪第三》记载了隋炀帝江都饮宴的情形：大业六年，"三月癸亥，幸江都宫"，"夏四月丁未，宴江淮已南父老，颁赐各有差"。七年，"二月己未，上升钓台，临扬子津，大宴百僚，颁赐各有差"。大业七年（611年）春二月，隋炀帝在凝晖殿大宴百僚。宴会音乐以宫廷乐为主。另据《资治通鉴》卷一八〇记载：

> 八月壬寅，上行幸江都，发显仁宫，王弘遣龙舟奉迎。……所过州县，五百里内皆令献食，多者一州至百舆，极水陆珍奇。后宫厌饫，将发之际，多弃埋之。③

---

① 丁晏：《颐忘斋丛书·石亭纪事·淮阳说》，同治元年秋刊元艺堂藏版。
② 张强：《漕运与淮安》，《东南大学学报》（哲学社会科学版）2008年第7期，第96~103页。
③ （宋）司马光：《资治通鉴》，北岳文艺出版社，1995，第1227页。

杨广还下令建丰乐仓用以贮藏美酒，地址在小市桥南。今扬州城区尚存"丰乐上街"地名。

清代，康熙、乾隆二帝多次南巡，从中既可知兴办宴席数量之多，也可见扬州宴席的菜品水平之高。

《圣祖五幸江南恭录》载："三月十二日，……圣驾起銮，同皇太子、十三阿哥、宫眷驻跸，演戏、摆宴……""十四日，皇上龙舟开行，往镇江，过瓜洲四闸。……将军马（三奇）、织造曹（寅）、中堂张（玉书），公进御宴一百桌。"

乾隆帝南巡扬州时，扬州官府曾在上买卖街前后寺观设"大厨房"，"以备六司百官食次"，所供的宴席即"满汉席"：

第一份：头号五簋碗十件：燕窝鸡丝汤、海参烩猪筋、鲜蛏萝卜丝羹、海带猪肚丝羹、鲍鱼烩珍珠菜、淡菜虾子汤、鱼翅螃蟹羹、蘑菇煨鸡、辘轳锤、鱼肚煨火腿、鲨鱼皮鸡汁羹、血粉汤、一品级汤饭碗；

第二份：二号五簋碗十件：鲫鱼舌烩熊掌、米糟猩唇猪脑、假豹胎、蒸驼峰、梨片伴蒸果子狸、蒸鹿尾、野鸡片汤、风猪片子、风羊片子、兔脯、奶房签、一品级汤饭碗；

第三份：细白羹碗十件：猪肚假江瑶鸭舌羹、鸡笋粥、猪脑羹、芙蓉蛋、鹅肫掌羹、糟蒸鲥鱼、假斑鱼肝、西施乳、文思豆腐羹、甲鱼肉片子汤、茧儿羹、一品汤饭碗；

第四份：毛血盘二十件：獲炙哈尔巴小猪子、油炸猪羊肉、挂炉走油鸡鹅鸭、鸽臛、猪杂什、羊杂什、燎毛猪羊肉、白煮猪羊肉、白蒸小猪子、小羊子、鸡、鸭、鹅、白面饽饽、卷子、什锦火烧、梅花包子；

第五份：洋碟二十件：热吃劝酒二十味、小菜碟二十件、枯果十彻桌、鲜果十彻桌。①

---

① 中国第一历史档案馆、扬州市档案馆编《清宫扬州御档》，广陵书社，2010。

《清宫扬州御档》收录了乾隆帝下江南至扬州期间的三件饮食档案，分别出自乾隆帝第四、五、六次南巡时的节次膳底档。通过这三份档案以及相关史料，可对乾隆帝的饮食习惯，他在扬州时的用膳地点、规制，御膳菜肴的品种、名称以及为他烹饪菜肴的厨师等做一番了解。

据乾隆三十年江南膳底档记载：

> 二月十七日未正一刻，天宁寺行宫西边花园升宝座，茶膳房大人五福、福隆安送上进奶茶，赏奶茶毕，传膳。

> 花园进晚膳用折叠膳桌摆：鸭羹一品、腌笋炖棋盘肉一品（系张成做），后送蒲菜炒肉丝一品、春笋爆炒鸡一品、苏造鸡肘子肉攒盘一品、白面丝糕糜子米面糕一品、象眼棋饼小馒首一品、鸭子火熏馅煎黏团一品（系张东官做）。

> 高恒进鸡肉丸子一品、莲子樱桃肉一品、鸭腰苏脍一品、燕窝烩肥鸭子一品、银葵花盒小菜一品、银碟小菜四品、随送粳米膳进一品、燕窝攒汤一品（系张成做）；额食六桌：饽饽六品、奶子六品，十二品一桌；内管领炉食八品一桌；盘肉二桌，每桌八品；羊肉四方二桌。①

从这份膳单可以看出，乾隆帝在扬州期间的"御膳"中，淮扬菜品种较多，且多为主菜，例如鸭羹、蒲菜炒肉丝、莲子樱桃肉、鸭腰苏脍等。在这三份膳底档中，我们还能找出许多具有淮扬菜特色的菜肴，而且烹饪手法多为炖、蒸、烧、煮，原料也多采用家常食材，平和却不平淡，反映了淮扬菜讲究火工、精工细作的特点。②

开国盛宴　重任担纲

新中国成立以后，淮扬菜进入加速发展的新时期，无论是品牌种类、

---

① 中国第一历史档案馆、扬州市档案馆编《清宫扬州御档》，广陵书社，2010。
② 董潇潇：《三份御膳底档再现乾隆下扬州的饮食》，《档案与建设》2014 年第 6 期，第 51 页。

名厨数量，还是烹饪水平、社会影响等，都达到前所未有的高度。中华人民共和国开国大典之后，举行了盛大国宴，毛泽东、刘少奇、周恩来、朱德、董必武、陈云、邓小平和当时登上天安门城楼参加开国大典的其他领导人都出席了这次盛会。

当是时，国宴由政务院典礼局局长余心清操持。宴席选定以淮扬风味菜点为主，要求菜品质朴、清鲜、醇和，这为国宴的精练简约定下基调。当时的北京饭店以西餐为主，而玉华台饭店是京城最著名的淮扬菜馆，为此，从玉华台饭店选调朱殿荣、王杜昆、杨启荣、王斌、孙久富、景德旺、李世忠等9位淮扬名厨进北京饭店，并由朱殿荣担任国宴总厨师长。当时还特意临时搭建了一个200多平方米的中餐厨房，专司国宴，制作宴会菜点。而宴会食品，唱主角的则是淮扬菜品。宴会的圆满举办在淮扬菜的发展史上添上浓墨重彩的一笔。

《北京志·商业卷·饮食服务志》记载了"开国第一宴"的菜点名称。

> 四调味：扬州小乳瓜、琥珀核桃、白糖生姜、蜜腌金橘；淮扬八冷碟：香麻海蜇、虾籽冬笋、炝黄瓜条、芥末鹅掌、酥烤鲫鱼、罗汉香肚、水晶肴蹄、桂花盐水鸭；头道大菜：乳香燕紫菜；八热菜：全家福、东坡肉方、蟹肉狮子头、清炒翡翠虾仁、鲍鱼四宝、鸡汁干丝、口蘑镶焖鸡、鲜蘑菜心；四点心：炸年糕、黄桥烧饼、淮扬汤包、艾窝窝；主食：菠萝八宝饭；水果：时果拼盘。[①]

事实上，淮扬菜之所以被选中入宴，主要原因就在于：第一，淮扬一带河湖纵横，鱼虾鲜美，物产丰富，菜品的食材新鲜，非常适合就地取材，实现烹调方式的多样化。第二，文人对于淮扬菜的影响，促使淮扬菜以刀功、造型等见长出彩，而园林、画舫等文人传统习俗又让淮扬菜蕴含了深厚的文化意境。第三，淮扬菜在上海、南京和北京的餐饮市场占有一定的份额，并有相当的消费群体。这些城市有许多以经营淮扬菜为主的饭

---

① 北京市地方志编纂委员会编《北京志·商业卷·饮食服务志》，北京出版社，2008。

店。另外，就淮扬菜口味而言，其具备清新平和、咸甜浓淡适中、南北皆宜、兼容并蓄等优良特性。当年的国宴上，几位淮扬菜大师使出了拿手绝活，所做的淮扬菜肴妙契众口，得到嘉宾们的交口称赞。

　　值得一提的是，自淮扬菜在"开国第一宴"首开先河，此后多次国宴都选择以淮扬风味菜品为主，经常入选国宴的淮扬风味菜点有清汤燕菜、蟹黄鱼翅、清炒虾仁、东坡肉方、鲍鱼浓汁四宝、干烤大虾、鸡汁干丝、口蘑镶焖鸡、扬州蟹粉狮子头、千层油糕、淮扬汤包、菜肉包子、黄桥烧饼、春卷等。1999 年中华人民共和国成立 50 周年大庆宴会、2002 年江泽民主席宴请美国总统小布什等，主打的均为淮扬菜。几十年来，人们没有忘却淮扬菜给新中国"开国第一宴"带来的那份荣耀，抑或通过复制、品尝昔日的菜品，回眸往事。据媒体报道，1998 年秋天，上海大厦为迎接新中国五十华诞而复制了"开国第一宴"。[①]

多措并举　　保护传承

　　长期以来，扬州城乡遍布着众多的饭店、酒楼、茶馆，其中，不乏蜚声海内外的老字号名店，《扬州画舫录》记载的清代扬州城，有名有姓的餐馆就有 50 多家。[②] 这些店铺经营的菜点，多为淮扬特色。实际上，星罗棋布的各类饭店、餐馆就是淮扬菜传承的载体，饭馆的厨师们成为淮扬菜的实践者、传承者，正是历朝历代千千万万"庖丁"们的努力，才成就了今天的淮扬菜。改革开放以后，国家摆脱了经济短缺，人们享受到市场繁荣带来的丰富物质生活，各地饮食业的文化交流，带来不同风格、不同形态、不同口味的菜系、菜品，在继承传统的同时，淮扬菜也在汲取别家之长，改善与创新，不断推出新菜品，以适合不同口味食客的需求。其中有些菜品已互相兼容，移植借鉴，真要寻根问源，许多菜肴都难以说清出处。但值得欣慰的是，一些传统的淮扬菜点正在发扬光大，昔日的宫廷菜

---

　　① 沈嘉禄：《回味开国第一宴》，《新民晚报》2019 年 10 月 2 日。
　　② （清）李斗：《扬州画舫录》，周光培点校，江苏广陵古籍刻印社，1984。

看走入民间百姓，如今提起狮子头、扬州炒饭、大煮干丝、蟹黄汤包、翡翠烧麦、千层油糕、阳春面等耳熟能详的名称时，人们会自然而然联想到这是淮扬菜……

淮扬菜的传承发展离不开淮安、扬州两地政府和来自社会、民间各方面的关心扶持。自改革开放以来，扬州、淮安两地先后出台多项政策措施，举办多项活动，力推淮扬菜的传承和发展。

淮安市委、市政府成立淮安市振兴淮扬菜文化产业工作委员会，全面负责淮扬菜集团化发展、人员组成等重大决策事宜，全面统筹、指导、协调、推进淮扬菜文化产业的发展。

2019 年，淮安市政府出台了《关于进一步加快淮扬菜产业发展的实施意见》，提出充分挖掘和发挥淮安市美食资源优势，传承和弘扬淮扬菜美食文化，加快"美食之都"申创，推动餐饮美食、种植养殖、食品加工、旅游文创、展示展销等产业融合，进一步促进淮扬菜产业发展。此外，淮安市还从 2002 年起，已连续十多年举办"中国·淮安淮扬菜美食文化节"活动。

扬州市政府及相关部门，多措并举，重视淮扬菜的传承发展。1979年，筹办以烹饪淮扬菜教育为主的江苏省商业专科学校。1983 年 3 月，江苏省商业专科学校建立了中国烹饪系。1998 年 8 月，由原扬州师范学院旅游管理系与原扬州商业学院烹饪系合并建立扬州大学旅游烹饪学院。2018年 9 月，在扬州商务高等职业学校的基础上新建的江苏旅游职业学院新校区投入使用……至此，全市初步形成不同层次、较为完备的淮扬菜教育基地。扬州市区先后建立多个中国淮扬菜大师非遗传承人工作室。为了推动淮扬菜服务社会走进大众，扬州市政府还专门作出决定，自 2019 年起，在清明节、劳动节、国庆节假日，扬州市政府西大院、扬州生活科技学校和扬州大学瘦西湖校区餐厅三家内部食堂对游客开放，提供淮扬菜特色简餐，菜肴分别是扬州狮子头、拆烩鲢鱼头、文思豆腐、大煮干丝等。

扬州的档案地方志等部门开展对淮扬菜及其传承人著述立传、修志建档工作。2004 年以来，编辑出版扬州博览丛书 6 册，将多位淮扬菜大师的基本资料收录其中。2013 年以来，先后征集到薛泉生、徐永珍、居长龙等非遗传承人捐赠的菜谱和菜模档案，并建立了淮扬菜非遗传承人"美食档案"，永久珍藏。为了向社会各界了解研究淮扬菜和饮食文化提供资料文献和历史借鉴，2011年，扬州市烹饪协会牵头编纂的《扬州餐饮志》，历时六载，于2017年出版发行，该书20章，计50多万字。2017年12月，江苏省餐饮行业协会启动《中国淮扬菜志》编纂工作，2018年初，该书稿编纂工作会议在扬州举行，此后，扬、淮两地通力合作，经多次研讨篇目，深度挖掘资料，截至2019年底，一部80多万字的书稿形成并进一步修改，力争早日出版。

大运河扬州段诗词文化遗存及其
传承与弘扬

陈　婧*

　　摘　要： 大运河孕育了璀璨的诗词文明，是一条带有文学生命和艺术基因的河流。今天，大运河文化带建设已上升到新的战略高度，传承和弘扬大运河诗词文化，对推进大运河文化带建设具有积极意义。扬州是名副其实的"运河之都"与"诗词之市"，有大量与运河相关的诗词流传后世。本文以大运河扬州段为例，研究大运河扬州段诗词的文化价值与现实意义，探讨如何借助大运河诗词文化遗存提振城市影响力，展现城市独特的文化品格和魅力，进一步推动大运河文化带建设和大运河可持续发展。

　　关键词： 大运河文化带　运河之都　诗词之都

一　扬州——"运河之都"与"诗词之市"

　　扬州是一座与中国大运河同生共长的"运河之城"。公元前486年，吴人开邗沟，沟通江淮两大水系。[1]《左传·哀公九年》记载："秋，吴城邗，沟通江淮。"扬州2500年建城史自此滥觞。汉代扬州，得铜盐之利，

---

　*　陈婧，女，江苏扬州人，山东大学汉语言文字专业毕业，扬州市地方志办公室一级科员，研究方向为扬州地方文化。
　①　姚汉源：《京杭运河史》，中国水利水电出版社，1997，第3页。

"财力雄富，士马精妍"，兴盛一时。隋朝修大运河，扬州成为江南漕运中心和淮南盐运中心。盛唐时，扬州成为沟通南北的交通要道和"海上丝绸之路"的重要港埠，是中国东南最繁华的都会，有"扬一益二""淮左名都"之誉。清代，扬州再度因河而兴，成为中国南北漕运和盐运的中心，达到了当时中国城市经济与文化发展的高峰。[①] 千百年来，扬州人在充分享有运河带来的便利的同时，也始终以维护、复兴运河文化为己任。近10年来，扬州不断对古运河城区段进行综合整治，疏浚河道，拆违植绿。对古邗沟故道、东关古渡、唐宋古城遗址、明清运河历史街区等一批沿河历史遗迹和人文景观进行保护、修缮和开发，打造集旅游、商贸、文化为一体的运河城市景观。2007年9月，扬州被国家文物局确定为大运河申报世界遗产牵头城市，每年举办"世界运河城市论坛"，就运河保护、传承和发展与世界各地运河城市管理者、研究者展开对话合作。立足文化高地，高标准推进大运河文化带建设，积极打造"世界运河文化之都"。扬州也是一座名副其实的"诗词之市"。历史上，古城扬州底蕴深厚、风景优美、富甲天下，引得无数文人为之驻足流连、忘情吟咏。据史料记载，历代诗人词客平生曾驻足扬州或为扬州留下题咏的不胜枚举，记述扬州政治经济、历史文化、自然景物、风土民情的佳作数以万计。"春风十里扬州路"令人心驰神往，"玉人何处教吹箫"令人浮想联翩，"二十四桥仍在，波心荡、冷月无声"令人凄伤欲绝，更有多少人因一句"烟花三月下扬州"而争相来扬州一睹这座城市的芳颜……丰富的诗词文化遗存不仅深化了扬州的人文内涵，更极大地提振了城市知名度和影响力。2012年，中华诗词学会授予扬州"全国诗词之市"称号。

二 大运河扬州段诗词文化遗存举隅

大运河孕育了璀璨的诗词文明，是一条带有文学生命和艺术基因的河流。今天，大运河文化带建设正如火如荼地展开，作为大运河沿线城市和

---

① 王虎华主编《运河名城——扬州》，中国文史出版社，2009，第1页。

一座浸润着诗意的城市，扬州理应将运河文化与诗词文化有机结合，梳理大运河诗词文化遗存脉络，进一步推动大运河文化带建设和大运河可持续发展。

笔者所界定的、本文所讨论的"大运河扬州段诗词"，是指直接或间接描写扬州境内运河的诗词，即场景来自运河、情思发自运河、意境源于运河。其内容大致可以分为三类：咏史怀古之作、游冶行吟之作和赠别怀人之作。

咏史怀古之作。大运河历史悠久，驻足河畔，感时伤世，总易生发思古之幽情，产生兴替之感。咏史怀古之作以历史题材为咏写对象，对历史人物的功过、历史事件的成败等或发表议论，或抒发感慨，或借古讽今。元明之际诗人张羽有一首《纪行十首·邗沟》，其诗云：

> 衰杨夹高防，北风暮飕飕。道逢长老问，答言是邗沟。
> 相传开凿初，民劳天为愁。至今浊河底，时见白髑髅。
> 陆通梁宋郊，水漕荆吴舟。渠成万世利，虑始难为谋。
> 至今南北交，此土为名州。飞阁跨通波，张幄如云浮。
> 忆昨少年日，宝马珊瑚钩。经过剧辛辈，结托金张俦。
> 醉月琼花视，征歌明月楼。罗绮朝还暮，笙竽春复秋。
> 繁华逐逝水，一往不可留。向来歌舞地，茫然狐兔丘。
> 家老无儿孙，杖棰驱羊牛。少小心尚尔，不知今白头。
> 欲从乱离说，恐予增离忧。长揖分袂去，零泪如丝流。①

开篇用几个连续的意象铺开萧索肃杀的场景，借"长老"之口，道出"相传开凿初，民劳天为愁。至今浊河底，时见白髑髅"的悲惨情状，直言修筑运河给当时百姓带来的深重苦难。但与此同时，作者也点出运河为"陆通梁宋郊，水漕荆吴舟"的交通动脉，作出"渠成万世利"的肯定评价。随后以大量篇幅铺陈"名州"（应指扬州）的繁华，虽文末以"长老"

---

① 冬冰主编《长河有歌吟——大运河诗词中的扬州记忆》，东南大学出版社，2014，第55页。

的凄惨自白作结，但仍可从字里行间感受到扬州因运河而兴的昔日繁荣。

嘉靖名士岳岱《邗沟》云：

> 隋皇昔日锦帆游，吴楚分疆是此沟。
> 两岸烟花迷贾客，万家杨柳挂新秋。
> 北瞻燕阙三千里，西望金陵十四楼。
> 淮海岷江都会地，繁华雄盛古扬州。①

明人钱应金亦有一首同名之作《邗沟》：

> 烟荒月淡古邗沟，淮水遥连江水流。
> 六代繁华余浮草，至今萤火照扬州。②

这两首《邗沟》同为咏史怀古之作，表达的情绪却不尽相同。岳岱的《邗沟》极言江淮都会之地的扬州"繁华雄盛"，行文疏朗，用笔雍容。钱应金的《邗沟》却是在一派"烟荒月淡"的场景中展开，感怀昔日繁华不再，充满昔盛今衰的兴替之慨。可见，即使是面对相似的景物，作者心境不同，境遇不同，笔下的文字也会随之变化。

游冶行吟之作。大运河沟通江淮，襟江带海，沿岸风物想必极好。论及游冶行吟之作，不得不提隋炀帝。这位"若无水殿龙舟事，共禹论功不较多"（皮日休《汴河怀古》）的君王曾三下扬州，他亲自下旨开凿的大运河留下了他游冶行吟的足迹。《泛龙舟》诗云：

> 舳舻千里泛归舟，言旋旧镇下扬州。
> 借问扬州在何处，淮南江北海西头。
> 六幐聊停御百丈，暂罢开山歌棹讴。

---

① 冬冰主编《长河有歌吟——大运河诗词中的扬州记忆》，东南大学出版社，2014，第69页。
② 冬冰主编《长河有歌吟——大运河诗词中的扬州记忆》，东南大学出版社，2014，第69页。

距似江东掌间地，独自称言鉴里游。①

读此诗，我们不难感受到隋炀帝作为一代君王的慷慨豪迈之情以及他对扬州近乎执念般的偏爱。其中"淮南江北海西头"简练而精准地概括了扬州的地理方位，至今仍不断被引用。

又如唐代诗人李绅的《宿扬州》：

江横渡阔烟波晚，潮过金陵落叶秋。
嘹唳塞鸿经楚泽，浅深红树见扬州。
夜桥灯火连星汉，水郭帆樯近斗牛。
今日市朝风俗变，不须开口问迷楼。②

"夜桥灯火连星汉，水郭帆樯近斗牛"是名句。诗人夜宿河畔，见夜晚扬州桥头灯火繁多，一直连着银河；水上帆船的樯杆，高得像接近天上的星斗。夜景逼真如画，想象丰富，遣词造句可谓独具匠心。动静之中，扬州夜晚浑成阔大的境界、灿烂繁华跃然纸上。时代变迁，风气在改，过去的迷楼已变得平平常常。唐时扬州得益于漕运骨干水系的黄金位置因而商业繁荣，这首《宿扬州》再现了水陆商道交会的繁华景观。

赠别怀人之作。水边渡口为送别之地，留下了太多或凄婉哀伤或乐观旷达的赠别诗。自古以来，运河畔的赠别怀人之作可谓俯拾即是。李白《题瓜州新河饯族叔舍人贲》云：

齐公凿新河，万古流不绝。丰功利生人，天地同朽灭。
两桥对双阁，芳树有行列。爱此如甘棠，谁云敢攀折。
吴关倚此固，天险自兹设。海水落斗门，湖平见沙汭。

---

① 冬冰主编《长河有歌吟——大运河诗词中的扬州记忆》，东南大学出版社，2014，第3页。
② 冬冰主编《长河有歌吟——大运河诗词中的扬州记忆》，东南大学出版社，2014，第10页。

> 我行送季父，弭棹徒流悦。杨花满江来，疑是龙山雪。
>
> 惜此林下兴，怆为山阳别。瞻望清路尘，归来空寂灭。①

此诗作于唐天宝六年（747 年）暮春，时李白在扬州。诗之前半写饯别之地，即瓜洲新河景象，尤其以甘棠之典突出刺史齐澣开扬州运河之德政。后半用阮籍叔侄故事，抒离别怆然之情，写足诗题。以暮春乐景衬别离之哀，颇见情意之真切。

唐人许浑的《瓜洲留别李诩》是更典型的送别诗：

> 泣玉三年一见君，白衣憔悴更离群。
>
> 柳堤惜别春潮落，花榭留欢夜漏分。
>
> 孤馆宿时惜带雨，远帆归处水连云。
>
> 悲歌曲尽莫重奏，心绕关河不忍闻。②

诗人枯坐孤馆，友人的风帆已渐渐远去，瓜洲渡口的流水声宛如悲歌萦绕在诗人心头。全诗充满凄楚悲凉的况味，情意深长，真挚动人。

三　大运河扬州段诗词文化遗存的传承与利用

城市是文化的容器，文化是城市的灵魂。大运河畔的吟唱虽早已成为历史的陈迹，但在大运河文化带建设视角下重提也并不多余。大运河不仅是一个地理概念，更是一个文化概念，它给了诗人细腻的思绪与无限的灵感，反过来，优美的诗词也丰富着大运河的人文内涵。人民是运河的缔造者，也是历史的缔造者，大运河诗词中对人民疾苦的描写体现了早期人民史观的萌芽。今人读诗虽跨越古今，但人的情感是相通的，以诗词为切入口弘扬大运河文化，更易引发人们的共情，对提升大运河文化影响力和知

---

① 冬冰主编《长河有歌吟——大运河诗词中的扬州记忆》，东南大学出版社，2014，第 6 页。
② 冬冰主编《长河有歌吟——大运河诗词中的扬州记忆》，东南大学出版社，2014，第 16 页。

名度有一定的积极意义。

现阶段，大运河扬州段诗词文化遗存的开发利用面临一些困难和问题。一是整合力度不够。目前还缺乏一个有关"大运河扬州段诗词文化遗存"的完整概念界定，应该由文化部门牵头，对大运河扬州段分散的诗词文化资源进行一次系统的梳理和整合。二是内涵挖掘不足。整合、开发、利用大运河扬州段诗词文化遗存，需要对诗词的文学意蕴和精神内涵进行深入挖掘。目前开发层次较低，受众面不广，总体吸引力不足。人们熟悉的大多是那些耳熟能详的诗句，一些冷门、小众的诗人的作品很容易淹没在历史长河中不为人知。三是利用形式单一。由于受重视程度、相关投入、诗词文化资源现实价值认识等因素的影响，大运河扬州段诗词文化遗存的开发深度不够，利用模式雷同，利用规模偏小，还有很大的发展空间。

打造文旅融合视域下的大运河扬州段诗词之路文化带。扬州地处江淮，水网密布。扬州之名，即取意于"州界多水，水扬波"（《尚书·禹贡》）。古运河恰是这天光水色中耀眼的一根金线。它水道悠长，一路柳色，河上风光与两岸景色交相辉映。运河沿岸有许多古镇，如湾头、邵伯、临泽、界首、瓜洲等，有颇多诗词传之后世，尤以瓜洲为最。不妨从瓜洲古渡出发，打造一条大运河扬州段诗词之路文化带，用诗词串联两岸风物。大运河诗词之路文化带，就是一条以大运河沿线为主体，以数千年积淀下来的诗词文化为纽带，充满诗情画意、彰显扬州风情的精品人文旅游路线。选取历代著名诗人在扬州大运河的游历行迹，还原诗意中的场景和意境，拓展文旅融合新途径。不仅仅要整理诗词，还要整理我们的文化遗产，包括治水人物故事、民俗等。保护开发沿途文物古迹，构建集文化遗产、生态、民俗于一体的精品旅游线路。

举办"运河诗词大会"。中央电视台《中国诗词大会》节目对传播和弘扬中华诗词文化起到了重要作用，其影响力不容小觑。扬州可以借鉴其特色和优势，举办"运河诗词大会"，利用现代融媒体的传播效应，扩大其影响力。初赛阶段，参赛者可随机选择描写扬州大运河的诗词进行背诵讲解，要求背诵流畅生动，讲解形象细致。复赛以情景演绎的方式呈现，参赛者可挑选一首创作于运河上或运河畔的诗词，想象当时的环境背景与作者的心理状态，以白话或古文的方式对诗境进行声情并茂的想象与演绎。决赛可以分题材进行，如怀古诗、送别诗等，因为限制了题材，所以非常考验参赛者的诗词积累功底。值得注意的是，"运河诗词大会"不仅要办成一个别开生面的知识竞赛，还要邀请本地文史研究专家现场点评，讲好诗词背后的故事。除此之外，还可举办各种诗社、印社、诗词雅集、文学社，定期邀请国内外知名学者前来讲学，融合广陵古琴、扬州雕版印刷技艺等非物质文化遗产，使之成为扬州诗词文学艺术爱好者的聚集地。

设计大运河扬州段诗词文化周边产品。精心打造一批与扬州大运河诗词文化有关的戏剧、演出等艺术衍生产品，如夫差开邗沟、炀帝下扬州等，将诗词元素融入表演当中，增强现场感与代入感。建造一批运河诗词主题文博场馆或与扬州运河有关的著名诗人的纪念馆，从人物生平入手，还原人物游冶路径及其与运河之间的特殊情缘和联系。可以利用 LED 触屏技术，用水墨动画展示诗境和诗意。也可以设计一些益智类小游戏，如诗词接龙等，与观众进行现场互动，增强观众特别是低年龄段小观众的参与感和获得感。除了实物展览之外，还可以打造"数字博物馆"，以航拍技术再现大运河沿岸的诗画长廊，让年轻观众通过手机、平板电脑欣赏运河风光与诗词之美。

发挥大运河扬州段诗词文化品牌聚集效应。开发利用大运河扬州段诗词文化资源，由文化影响向经济效益和产业融合转变。融合运河诗词主题元素，设计一批有扬州特色的文创周边纪念品，扩大大运河诗词传播影响力，带动周边经济发展。打造古运河梦幻音乐灯光秀、VR 体验馆等创意项目，举办古运河诗词文化灯会，还可根据季节时令安排特色项目，如元宵节灯谜等。从大运河扬州段诗词文化遗存中摘取与饮食、住宿有关的片段，打造具有诗词特色的古运河水上游、创意民宿、淮扬菜馆等。例如，历代诗词中有很多"夜宿""夜泊"在运河边的场景，可以此为灵感，在运河边安放几座画舫，改造成民宿，让游客体验一次"枕河而眠"的诗情画意。

陕西巡抚诗人张祥河诗咏铜川

王赵民*

摘　要： 清咸丰元年农历五六月间，陕西巡抚、诗人张祥河有"北山之行"，沿途且行且吟，得诗46首，后结集为《北山之什》。其中有8首为咏铜川的诗，情景交融，脍炙人口，多为首次发现，为研究铜川历史文化提供了弥足珍贵的史料。

关键词： 巡抚诗人　张祥河　铜川　《北山之什》

咸丰元年农历五六月间，陕西巡抚、诗人张祥河有"北山之行"，沿途且行且吟，得诗46首，后结集为《北山之什》。其中有8首为咏铜川的诗，情景交融，脍炙人口。除《再宿宜君》，其余7首均为首次发现，为研究铜川历史文化提供了弥足珍贵的史料。

一　张祥河诗《再宿宜君》

最先知道张祥河的名字，是读他的诗《再宿宜君》：

寒入宜君暑不存，地非风穴即风门。

往还再宿山城上，江海涛声彻夜翻。

更无蛇蝎闹昏虫，金锁居然不露风。

---

* 王赵民，陕西省铜川市丝路文化研究中心研究员。

避暑唐宗真得地，年年飞白玉华宫。①

　　这首诗，先后收入铜川市政协原主席张史杰编著的《古人咏铜川》和《宜君县志》，王仲德编著的《玉华寺》和《铜川市志》。除了《宜君县志》署名"张祥河"外，其余三本书均署名"张祥和"。查张祥河著作，并未见"张祥和"，估计是《古人咏铜川》《玉华寺》《铜川市志》录入该诗时写错了。

　　此诗刻有碑石，现保存在宜君县博物馆。《古人咏铜川》载："此诗刻在两块石碑上。碑原嵌在清朝县衙门墙上，后被人用泥封于墙内，1979 年重新发现。"②《玉华寺》载："此诗选自陕西宜君政协 1986 年 7 月编《宜君文史》（第三辑）第 161 页孙相武、李忠厚《清末画家张祥和》一文。"③可见"张祥和"来自孙相武、李忠厚的文章，是他们二位把张祥河的名字搞错了。

二　巡抚诗人张祥河

　　过去，笔者对张祥河知之甚少，以为他仅仅是晚清著名画家，擅长画山水、花鸟。后来上网检索，得到张祥河的一些资料，对张祥河的生平略知一二。

　　张祥河（1785—1862），原名公璠，江苏省娄县（今上海市松江区）人。字符卿，号诗舲、鹤在，又号法华山人。嘉庆二十五年（1820 年）进士，曾任内阁中书、军机章京、户部主事、山东督粮道、河南按察使、代理河南布政使、广西布政使、陕西巡抚、内阁学士、左都御史等职，官至工部尚书。死后加授"太子太保"，谥"温和"。

---

① 张史杰编著《古人咏铜川》，陕西旅游出版社，1991，第 120 页；张史杰编著《宜君县志》，三秦出版社，1992，第 772 页。诗的最后一句是"年年飞向玉华宫"，并注明"摘原碑文"。查碑文，应是"年年飞白玉华宫"。王仲德编著《玉华寺》，三秦出版社，1994，第 162 页；王仲德编著《铜川市志》，陕西师范大学出版社，1997，第 947 页。
② 张史杰编著《古人咏铜川》，陕西旅游出版社，1991，第 120 页。
③ 王仲德编著《玉华寺》，三秦出版社，1994，第 162 页。

张祥河为官数十年，历嘉庆、道光、咸丰三朝，官至高位，享有极好的口碑。他为人淡泊文雅、宽以待人，从政谨慎清廉、严于律己，于民清静不扰、力持大体，做官勤恳务实、深得民心。

张祥河能书善画，勤于著述，工于诗词。他年少时，曾与松江梅春、姜皋等同乡缔结诗社，每游历山川名胜，必赋诗诵吟，相互酬唱。嘉庆九年（1804年），他"科举一等"；十六年（1811年）正月，他"留京寓同郡赵谦士、阮文达、覃溪、鲍双湖等在京师"相与唱和，"得诗甚多"。①后来，他参加宣南诗社，与当时的地理学家徐松（1781—1848）等名流过从甚密，赠诗酬唱。

宣南诗社是清嘉庆九年（1804年）由在翰林院供职的陶澍（1779—1839）等人发起并成立的，因在京城宣武门南一带活动而得名"宣南诗社"，陶澍在《潘功甫以宣南诗社图属题抚今追昔有作》一诗中深情回忆宣南诗社成立以来的活动：

> 忆昔创此会，其年维甲子。
> 赏菊更忆梅，名以消寒纪。
> 与者夏顾洪，聚散一期耳。②

嘉庆十年（1805年），陶澍因丁忧归里，诗社活动停顿。嘉庆十九年（1814年）冬，由翰林院编修董国华发起，诗社继续活动。除作诗以外，还经常讨论经学。林则徐在京期间，也参加过宣南诗社的活动。他在《题潘功甫舍人宣南诗社图卷》中有"偶喜追陪饫文字，敢擅风骚附述作"的诗句。但到道光四年（1824年），诗社活动渐趋停顿。③

道光十一年（1831年），由张祥河等人发起，再次恢复诗社，主要活动内容为消寒、赏菊、忆梅、试茶、观摩古董，还为欧阳修、苏轼、黄庭坚做生日。作为诗社的组织者，张祥河才情横溢，"诗酒风流"，嘉庆《松

① 张茂辰等编撰《先温和公年谱》，清同治年间刻本。
② 《陶澍集》下册，岳麓书社，1998，第359页。
③ 陶用舒：《陶澍与宣南诗友》，《湖南城市学院学报》（自然科学版）2009年第1期。

江府志》称其所作"玲珑其声，笃雅其节，一官一集，时人比之陆放翁"。"凡遇鸿才硕彦，无不倾心延纳，故其诗荟萃融会，卓然成家"。"书承其从祖张照，亦雄杰成一家。兼通画法，师董源。"① 足见诗词同道对其诗作评价很高。无论是他离京去闽越秦晋燕豫楚粤等地，还是回京继续做官，他往往以诗歌咏道述怀，故留下的诗作颇丰。传世著作有《小重山房初稿》（24 卷）、《诗舲诗录》、《诗舲诗外录》、《小重山房诗续录》（12 卷）、《诗舲词录》（2 卷）等；编有《四铜鼓斋论画集》《会典简明录》等。

三　张祥河二过宜君

多年来，笔者一直在思考：张祥河《再宿宜君》这首诗写于哪一年？是作者专门来宜君游览，还是路过？况且此诗并非律诗，因为颔联与颈联不对仗，却排在一起，难道是古风？既然张祥河有《再宿宜君》的诗作，必然有首次宿宜君的经历；既然第一次没有留下诗作，又为何诗名为《再宿宜君》？依他游览各地的习惯，多留诗作。查宜君、延安、西安等地的志书以及陕西清代遗留的有关资料，并无记载；陕西省图书馆也没有张祥河的作品。虽然孔夫子网站有他部分诗集的影印本复印件，但价格昂贵，本人囊中羞涩，无力购买。而上述问题一直萦绕于笔者的脑际，挥之不去。

最近，笔者多方询查，购得张祥河后人编纂的《小重山诗词全集》《先温和公年谱》《诗舲诗录》《诗舲诗外录》《诗舲词录》《诗舲续稿》等珍贵资料，终于解决了多年来苦苦寻求得不到答案的问题。

张祥河于咸丰元年（1851 年）初任陕西巡抚，在他的儿子张茂辰（字良哉，号小终，曾任刑部主事）等人编纂的《先温和公年谱》一书中有以下记述：

咸丰元年，辛亥　六十七岁。

---

① 嘉庆《松江府志》卷六〇《古今人传十二》。

正月，戎装北上。

二月，到京，召对五次。命回任并奉旨，派阅陕省营伍。

三月，抵潼关，接篆任事，顺道阅看潼关、商州、西安各营。

四月，回省阅看满汉官兵，时谏院以先君诗酒风流，不理公事疏劾，经陕甘制军琦公善奏明，供京职时，诗酒在所，时有现任陕抚，于一切公事并无延误，得旨毋庸置议。

五月，赴北山，阅看金锁关、宜君、鄜州、延安、绥德各营伍，查保甲。

六月，回省。

八月，充陕甘乡试监临。

这说明，张祥河于咸丰元年（1851 年）五月去"鄜州、延安、绥德各营伍，查保甲"时路过宜君。在《诗舫续稿》《肆觐集》卷之《北山之什》中，有作者"北出西安，经三原、耀州、铜官（即今铜川。——引者注）、宜君"去陕北巡察时所作的诗数首，其中的一首是：

宜君

吹客天风峭，高城跨岭端。

龟山形帖帖，风谷势盘盘。

营月中宵朗，征袍五月寒。

玉华唐故苑，见说已摧残。

其中，前一首是《孟姜女祠》，后一首是《中部》（中部，即今黄陵县），时值农历五月，张祥河用"形帖帖、势盘盘"形容宜君县城地形地貌，恰如其分。尤其是说到唐玉华宫，虽然他并未游历，却"见说已摧残"，说明他熟知玉华宫的历史渊源。

张祥河此行北到榆林，西到银川，后经延长、甘泉、洛川返回西安，当是农历六月，天气炎热。在路过洛川和中部县时，他分别作了《自洛川儳行至宜君百四十里》《重过轩辕陵憩柏树下》两首诗。进入宜君境内，他作了一首诗：

行至偏桥吕令小潭饷瓜

入门见汝已清凉，亟命材官出碧筐。

百里骄阳驰赤缴，一盂新汲擎黄瓢。

快人难得先期熟，当暑无如此药良。

堪笑移时仍把酒，不教换我热心肠。

到了宜君县城后，他又作了两首诗：

再宿宜君

寒入宜君暑不存，地非风穴即风门。

往还再宿山城上，江海涛声彻夜翻。

更无蝇蚋①闹昏虫，金锁居然不露风。

避暑唐宗真得地，年年飞白玉华宫。

由此可见，《再宿宜君》是两首七绝，并非一首"七律"，这是他从陕北返回途中再次路过宜君时作的。这样，张祥河路过宜君，就留下了三首诗，其中《宜君》和《再宿宜君》第二首，前后呼应，可谓"姊妹篇"，弥足珍贵，载入史册。

宜君县地处关中平原与陕北黄土高原的接合部，位于陕西省中部、铜川市北部，南距省会西安120公里，北距轩辕黄帝陵27公里，被誉为"关中通往陕北的天桥"。天然植被覆盖率达87.3%，素以"夏无酷暑"而闻名，被誉为"避暑城"。多年来，宜君县向外宣传推介时，总是引用张祥河的这首诗。无疑，张祥河的这首诗，是他为宜君县量身定做的广告语，他也理所当然地成为宜君避暑城的形象代言人。

---

① 以前抄本为"蛇蝎"，查《肆觐集》刊印本为"蝇蚋"。

四　张祥河路过耀州

张祥河于咸丰元年（1851 年）任陕西巡抚，他当年从省城北出，经过三原到了耀州。在《诗龢续稿》之《北山之什》中，第一首诗为《三原》，第二首诗是《耀州》，为两首七绝。其中之一是：

沮流西绕漆东经，石嘴山前九点青。

二麦登场风日燥，追凉都上富公亭。

这首诗，连同作者的另外两首诗《耀州之二》《柳诚悬墓》，《耀县志》《铜川市志》等志书未收录，亦未收入民国以来出版的咏耀州（耀县）诗的书籍中，故极为珍贵。

首句"沮流西绕漆东经"，点明"两水"（西沮河，东漆水河）与耀州城的关系，是对"舟形"耀州城的诠释。次句"石嘴山前九点青"之"石嘴山"，却不知道是哪座山。耀州城南为东、西乳山，其川道是通往陕北进入耀州的必经之地。喻其为"山"，实则为"峁"，既不高大，又不险要。城东有宝鉴山，"光耀如鉴"。又名五台山，山有五峰，顶平如台，即今之药王山，为隋唐时期伟大的医药学家孙思邈归隐之处。城西沮河西岸延伸至悬崖底下，之上是下高埝塬，无山。城北为步寿塬，由塬顶俯视，耀州城一览无余。居耀州城内而四望，哪里有"石嘴山"？笔者揣测，作者由南向北望去，会不会将"步寿塬"之"塬顶"，看成是"石嘴山"呢？如果不是，会在哪里？

第三句"二麦登场风日燥"，因当时为农历五月，正是大麦、小麦相继成熟的时节，说明当时赤日炎炎，天气干燥。

尾句"追凉都上富公亭"，城内闷热，人们欲想乘凉，最好的去处是"富公亭"。"富公亭"在哪里？

清代咸丰年间（1851—1861 年）耀州知州郭泌与张祥河为同一时期的人。张祥河任陕西巡抚时，郭泌会不会为知州？目前尚无资料可考。不过，郭泌有《耀州八景诗》，流传很广，其中有《富宫晚照》诗一首：

盈盈一水照万穷，父老相传是富宫。

多少游人情畅处，开心最喜夕阳红。①

诗里描写的"富宫"，据《耀州志》记载：北宋名相富弼的父亲富言曾在耀州为"同知"，"弼随侍，读书耀州"，"后七十年，知州汤元甫欲存其古迹，乃就子城筑台作亭"，即为"富宫亭"。据耀州区政协原副主席雷天启先生介绍，富宫亭故址在今耀州城南街小学后操场东北角与南宅子巷民居交界处。可知张祥河诗中的"富公"与郭泌诗中的"富宫"为同一语。说明张祥河路过耀州时，此亭尚在，为耀州一处名胜地。

耀州自古为秦中名州，期待有朝一日"古州生辉"，在古城改造中，能够逐步恢复包括"富公亭"在内的古人笔下的耀州美景，并镌刻上张祥河等名家的诗词，供游人欣赏。

张祥河《耀州》七绝之二为：

元洞②无由叩邈师③，病梨树下照邻④词。

我来要拭看山目，双石盆留洗药池。

还有一首是：

柳诚悬墓⑤

一展符璘帖，余碑多阙然。

累累柳家冢，何地拜诚悬。

---

① 张史杰编著《古人咏铜川》，陕西旅游出版社，1991，第 101 页。
② 元洞，即药王山北洞，又名太玄洞。药王山位于耀州区东，原名五台山，又名北五台，为全国重点文物保护单位。
③ 邈师，即孙思邈（541—682），隋唐时期著名的医药学家，耀州人，著有《千金要方》《千金翼方》等医学著作，晚年归隐药王山。
④ 照邻，即卢照邻，初唐诗人，河北涿州人。染病，求孙思邈医治，并拜其为师，曾作《病梨树赋（并序）》。
⑤ 柳诚悬，即柳公权（778—865），唐华原县（今铜川市耀州区）人，著名书法家。其墓在今耀州区官庄镇让义村，为陕西省重点文物保护单位。

五　张祥河留诗同官城

张祥河北上至同官县，写诗一首：

铜官

北山扼险襟喉地，转转坡陀曲似弓。

金锁关①临神峡上，铜官川合漆流东。

乌云刚溅悬崖瀑，白雨还吹侧笠风。

招得凉阴护行旅，送茶亭子日方中。

这首诗连同以下的《孟姜女祠》《同官雨行》均为首次发现。

同官历史悠久，人杰地灵，文物古迹众多。古时，治所设在铜水之川，446 年设置铜官县，北周时改为同官县，为今铜川市的旧称。1947 年，由同官县改为铜川县。1958 年 4 月 5 日，经国务院批准，铜川撤县设市，为陕西省第二个省辖市，今辖印台、王益、耀州三个区和宜君县，另有一个省级高新区。

孟姜女祠

只身负得范郎还，三日成昏别泪潸。

石镜能圆归地下，长城空峙在人间。

娥江一律啼声急，湘竹千秋血点斑。

怆绝望夫台下路，鸟飞不到女廻（回）山。

北出同官县城，左首有一座山，名叫金山。山脚下有座庙，名叫姜女祠。孟姜女传说为我国民间四大爱情故事之一（其他三个分别是：白蛇

---

① 金锁关，位于铜川市北市区以北，自古是咸榆道上的一处咽喉、关塞要地，历史上有"金锁天堑，鹞鹰难飞"的说法。明代建有关墙，后毁。周围三山雄峙，其中北面为女回山，与孟姜女传说有关。关下有河流名曰"漆水河"，为铜川人民的母亲河。

传、天仙配、梁山伯与祝英台），除陕西外，在我国的湖南、山东、河北、河南、江苏等地流传很广，河北省山海关有座孟姜女祠，内立有块碑，碑文说"孟姜女，陕西同官人"，张祥河倾向于孟姜女为"湖南人"。其实，铜川地区不仅有许多孟姜女的史料（包括文献、歌谣、诗词），而且孟姜女的遗迹很多，不少地名都与孟姜女有关。如此诗中的"女廻（回）山"，就位于金锁关旁。相传孟姜女哭倒长城后，背起丈夫的遗骨由北向南走到了金山脚下，筋疲力尽，一躺下去，就再也没有醒来。人们为了纪念她，就建了这座小庙。

张祥河由陕北返回时，路过同官，又写了一首诗：

同官雨行

屹罗寺古草全荒，虎踞山前绿绕庄。

行雨乌龙刚下挂，出犁黄犊已成行。

渚蒲滴滴青磨剑，墙蔓垂垂紫圻囊。

候馆有情留暂驻，溅泥锦障亦何妨。

六 结语

张祥河于咸丰元年（1851年）五六月间去陕北巡察时往返铜川，共赋诗8首，每首以地名为题，有感而发，情景交融，为研究铜川历史文化提供了弥足珍贵的史料。

在晚清时期的诗人中，张祥河的诗应景咏物，脱俗典雅，多为上乘之作。可惜后世无人整理研究，未能刊行于世，因而人们知之甚少，影响甚微。笔者建议，应成立张祥河研究机构，挖掘、整理及出版他的著作，让沉睡在典籍中的这笔宝贵的文化遗产尽快面世，发挥它的作用。

书序书评

《清代扬州府科举文献整理》序

周新国*

刘明坤博士在扬州大学中国史博士后流动站工作成果《清代扬州府科举文献整理》书稿即将出版，值得庆贺！作为他的指导教师，这里仅谈几点想法。

众所周知，中国科举制度是中国古代读书人参加的人才选拔的考试制度。科举制度从隋大业元年（605 年）进士科创议，到清光绪三十一年（1905 年）废除科举，共 1300 年，其间历经数个朝代，其内容和形式虽有增减取舍，且时断时续，但作为历代封建王朝通过考试选拔官吏的一种制度，长期存在，其对封建王朝的治国和选拔官吏起到了相当的作用。

中国科举时代究竟开科取士多少榜？共有多少名状元？（不包括武状元和女状元），迄今并无精确统计。据萧源锦《状元史话》中的记载：唐朝开科 263 次，科举取士 6637 人，共有状元 139 人；五代十国的后梁、后唐、后晋、后汉、后周沿袭唐制，有状元 11 人；宋朝（包括北宋和南宋）开科 118 次，取进士 42548 人，状元 118 人；元朝开科 16 次，取进士 1135 人，蒙汉状元 32 人；明朝开科 89 次，取进士 24610 人，状元 90 人；清朝开科 112 次，取进士 26699 人，状元 114 人（其中顺治九年、顺治十二年取蒙汉状元各 1 人）。历史上，从唐高祖武德五年（622 年）有记录的第一位科举状元孙伏伽开始，到清光绪三十年最后一名状元刘春霖为止，共有状元 504 人。而清朝自入关后的 200 多年间共有状元 114 人。在一个朝代中，出状元最多的省份是清代的江苏省，共有状元 49 名，占清代状元总数的 43%。其中江苏苏州府在历史上出过 50 名状元，1500 多名进士，是中

---

* 周新国，扬州大学历史学教授。

国出状元最多的府；有清一代，苏州府出状元 29 人，占清代江苏状元数的近 60%。[①]

迄今为止，在有关清代区域科举研究中，研究相对集中在江南，特别是苏州；而相对薄弱的是苏北，其中尤其是扬州府的科举研究，在专著方面几乎是空白。因此认真开展扬州府科举研究，不仅对清代扬州地方文化史，而且对于进一步推动全国区域科举研究都有重要作用。

刘明坤博士在扬州大学中国史博士后流动站工作期间，认真搜集研读各类历史资料，在出版《明清云南科举研究》和《明清云南科举文献编年》的同时，倾心研究清代扬州科举，对清代扬州府科举资料进行了系统整理，并对清代扬州府各州县产生的进士、举人及在地域和时间上分布不平衡的情况，做了较深入的探讨，指出：清代扬州府各州县经济、社会发展状况与科举结果有着相互的因果联系，二者有极大关系。

同时，刘明坤博士在大量搜集多种历史文献的基础上，对有清一代开科情况做了统计，并结合扬州府科举取士的情况，提出了扬州府的科举在整个清代呈波浪形，大致可分为四个时期，即顺治、康熙、雍正为第一时期；乾隆、嘉庆、道光为第二时期；咸丰、同治为第三时期；光绪为第四时期。以此为清代扬州府科举的发展、繁荣与衰败的历史。刘明坤博士对清代扬州府科举取士在地域上的分布不平衡，将其大致分为三类，即：第一类为府治江都县和甘泉县，占绝对优势；第二类为仪征、高邮和泰州；第三类为宝应、兴化、东台和通州。这是颇有见地的。

刘明坤博士对清代扬州府科举人物的科举名次、籍贯、人数按时间顺序进行整理，并搜集了相关科考的试题、考官、出身、姓名及三甲状况，特别是对乡试、会试考题的整理，可以看出时代与考题的风向变迁，为分析研究近代社会思潮和社会变迁等提供了一定的基础文献史料。尤其是刘明坤博士大量运用图表方法，对清代扬州府二州五县整理列举出进士、举人中试的情况，使人一目了然。同时刘明坤博士还整理点校了部分清代扬州府科举家族的文献资料，为研究近代区域家族学和区域文化史提供了个

[①]　萧源锦：《状元史话》，重庆出版社，2004。

案资料，其中如焦循家族的家训思想等，为研究焦氏家族的代际传承、变迁提供了具体的案例。

刘明坤博士曾师从董国炎教授从事文学研究，获文学博士学位。此后在扬州大学中国史博士后流动站工作期间，注意将地方史研究与科举制度研究相结合，所作的《清代扬州府科举文献整理》是刘明坤博士对扬州府科举研究的一个很好的尝试，其选择扬州府作为科举研究区域是颇具眼力的，显示了其融通文史之长。作为以研究文学见长的学者，刘明坤博士的《清代扬州府科举文献整理》在搜集史料上似可进一步拓展，如有关武状元、武进士等资料，今后亦可考虑列入。个别标题的字词可进一步精炼等。希望刘明坤博士在此基础上，进一步推动中国科举区域研究的深度与广度，期待刘明坤博士有更多的佳作问世。

梳理学术源流　纵观经学成就

——评《清代扬州学派经学研究》

陆和健[*]

摘　要： 作为探讨扬州学派经学成就的第一部著作，《清代扬州学派经学研究》一对扬州学派的学术源流做了系统梳理，就扬州学派的经学成就加以全面总结，还深入评析了扬州学派的学术影响。

关键词： 扬州学派　经学　源流

扬州学派是继吴派、皖派之后以经学研究为主的学术流派，刘建臻教授所著的《清代扬州学派经学研究》一书，就是探讨扬州学派经学成就的一部力作。早在 2004 年初版之后，就为学界所关注，产生了较大的影响，也因此被列入"江苏文脉整理与研究工程"之"研究编"的首批项目，经精心修订之后，于 2018 年 11 月由江苏人民出版社再版面世。阅读这部 40 万字的著作就不难发现，其中主要包含三方面的学术价值。

一　系统梳理扬州学派的学术源流

首先，梳理了扬州学派的学术成因。从宏观上说，扬州学派的形成，与乾隆皇帝对宋学及宋学家从礼遇到冷淡转而扶持和倡导汉学这一文化政

---

* 陆和健（1970—），扬州大学淮扬文化研究中心、社会发展学院教授、硕士生导师。

策的变化有着密切的关系，而科举试题的导向、《四库全书》的纂修和梅
花书院、安定书院等众多书院的培育，使大批扬州士人投身汉学而取得杰
出的成就，这是扬州学派形成的政治环境和文化背景，同样是扬州学派能
够继吴派、皖派而迅速崛起的一大因素；从微观上说，扬州学派经学的形
成和发展，也不能忽略扬州独具的区域因素，具体而言，大运河和长江交
汇的优越地理位置便于文化的交流，研究《说文解字》即"许学"和
《文选》即"选学"使扬州有着深厚的文化积淀，诸如宝应的刘、王、朱、
成和江都的汪、焦、江等家族之学渊源有自的家学，并且形成盘根错节的
姻亲关系，加上友朋问学和读书好学的风气，最终形成颇有区域文化特点
的学术流派。其次，《清代扬州学派经学研究》梳理了扬州学派发展过程
中学术演变的大体线索：在扬州学派前期，刘台拱的治学从宋学走向汉
学，预示着清代学术风潮的变化和扬州学派的学术旨趣所在；在扬州学派
中期，涌现出一大批研究汉学的经学名家，江藩甚至直接把承之而起的一
代学术称为"汉学"；在扬州学派后期，成蓉镜学术从汉学转向宋学，则
反映着晚清学术的又一变化，也标志着扬州学派走向终结。这与清代学术
变化的过程基本一致，表明了扬州学派为清代学术发展史上的有机环节这
一事实。

二　全面总结扬州学派的经学成就

该书从两个层面对清代扬州学派的经学成就做了总结：第一，分析了
扬州学派主要人物的经学成就。在前期，汪中的《述学》备受学人称赞而
成扬州学派的奠基之作，王念孙以校勘、训诂为治学特色，刘台拱精研
《三礼》，李惇考订群经而精于《左传》，任大椿深于礼学研究，宋绵初
"汲古义之精微"而遍考群经，朱彬著有《礼记训纂》；在中期，以"迁
善改过"为宗旨的易学家焦循撰有《易学三书》，标举"求是"和"实
践"的阮元撰有《论语论仁论》等书，凌廷堪以"例"为纲研治《仪
礼》，江藩首次梳理清代学术而成《国朝汉学师承记》，王引之"考之文
义，参之古音"而著《经传释词》等书，许桄以"融贯全经，熟核注疏"

而长于《周礼》之学，凌曙则专于《春秋公羊传》的研究；在后期，刘文淇和刘寿曾精心挖掘六朝学者的《左传》旧注，刘宝楠和刘恭冕父子著成集大成之作《论语正义》，薛传均博引经典以证《说文》，朱士端以"假借"之法治经，刘毓崧继承父志考证"旧疏"，方申整理象数易学，成蓉镜撰成《明明德解义》等数十种著述。其中的不少著作，不仅为扬州学派的重大学术成果，而且是清代经学史上的代表作，如《礼记训纂》《孟子正义》和《论语正义》列入中华书局"十三经清人注疏"之中就是最好的例子。第二，以附录的形式概述了扬州学派其他人物的经学成就。一方面，在论述汪中、宋绵初、焦循、阮元、王引之、刘文淇和刘宝楠等人经学成就时，分别在附录中对汪喜孙、宋保、焦廷琥、阮福、王寿同、刘寿曾、刘恭冕诸人之学予以叙说，从而彰显了扬州学派的家学特质；另一方面，又在专论焦循、阮元、薛传均之学后，对钟褒、李钟泗、徐复、汪光爔、秦恩复、罗士琳、薛寿等人学术加以论述，这就使人更加清楚地认识到，扬州学派的发展并形成特色确实与师友间的相互切劘关联密切。

三　深入评析扬州学派的学术影响

全书主要从两个方面展开分析。一是探析扬州学派学者之间的学术影响，譬如从焦循、阮元、凌廷堪、江藩、凌曙等扬州学派中期学者的身上，能够清楚地看到深受汪中"合于世用"学术沾溉的印迹；焦循引述六十余家清人之说而成《孟子正义》，与阮元欲把入清以来学者说经之文置于群经章句之下的学术构想不谋而合，而刘文淇《春秋左氏传旧注疏证》对《十三经校勘记》的诸多称引，显然为阮元对扬州学派后学产生影响的一个缩影；而焦循先纂"长编"而后撰成《孟子正义》的研究方法，被刘文淇和刘宝楠大加仿效进而取得成功，更凸显了这种影响的学术意义。二是评述扬州学派对其他学者产生的影响，如曾国藩"最好高邮王氏之学"且广读其书；俞樾"以高邮王氏为宗"并与刘恭冕等人过从密切；孙诒让"取其义法以治古书"，既仿其体例而成书，又参考其学术成果及批校其著述，更与刘寿曾等人有着很深的学术交往。从诂经精舍走出的经学大家章太炎，在划分扬州学者的学术派别的同时，还高度赞誉扬州学派的学术成就。至于刘文淇曾孙刘师培，在组织抄录《春秋左氏传旧注疏证》稿本之外，继承和光大了扬州学派之学，称赞焦循《里堂道听录》开创"以文传事"之法，首肯《易学三书》之义并在《经学教科书》中全面引用和阐述等等，都是颇为典型的例证。

应该看到，《清代扬州学派经学研究》的学术价值还可以列举更多，如重视家族家学的研究、尽可能著录学者的经学著述和理清学者间的相互关系等等，都值得肯定，上述三点，仅举其要而已。当然，书中也存在值得进一步讨论的问题，如在总结扬州学派经学成就的同时，对不少学者在经学研究与史学、文学等方面的关系似可更多着墨，扬州学派对后人的影响亦可进行更深的分析等。看起来这是《清代扬州学派经学研究》需要加强的着力点，其实也意味着探析扬州学派学术尚有较大的研究空间，期待着相关研究成果的渐次出现，借以推动扬州学派乃至整个清代学术的研究。

中国特色社会主义新时代一部
研究张謇的力作

——《张謇辞典》简评

江 南[*]

张謇是中国近代史上著名的实业家、教育家和慈善家，是中国近代化的伟大开拓者。张謇一生先后创办了 20 多个企业、370 多所学校，为中国近代民族工业的兴起、近代中国教育事业和社会公益事业的发展做出了宝贵贡献。可以说，张謇在中国近代史上产生了广泛影响。于是，研究张謇成为研究中国近代史不可或缺的部分。20 世纪 20 年代以来，张謇研究开始形成并逐渐受到学界重视，积累了大量的研究成果。不过，这些研究成果还没有穷尽张謇研究所包涵和折射出的全部历史信息。因此，张謇研究有待进一步深入。

2020 年 7 月 21 日，习近平总书记在民营企业家座谈会上发表重要讲话，将张謇等人誉为"爱国企业家的典范"。[①] 同年 11 月 12 日，习近平总书记在南通博物苑参观张謇生平介绍展陈时，再次充分肯定了张謇对中国近代实业、教育和社会公益事业的历史贡献，并称赞张謇是"我国民族企业家的楷模"。[②] 习近平总书记的讲话，为进一步开展张謇研究指明了新的方向。

---

[*] 江南，男，1993 年生，汉族，扬州大学社会发展学院博士研究生，研究方向为中国近代史。

[①] 习近平：《在企业家座谈会上的讲话》，《人民日报》2020 年 7 月 22 日，第 2 版。

[②] 《习近平：贯彻新发展理念构建新发展格局 推动经济社会高质量发展可持续发展》，《人民日报》2020 年 11 月 15 日，第 1 版。

为了全面总结前人研究的成果和进一步推进张謇研究，《张謇辞典》的编撰成为时代的要求和学界的期盼。2007 年，有关编撰《张謇辞典》的计划就开始酝酿。2014 年，《张謇辞典》被列为江苏省哲学社会科学基金重大项目。在历经多年后，恰逢中国共产党成立 100 周年、辛亥革命爆发 110 周年和张謇逝世 95 周年，由周新国、张慎欣任主编的《张謇辞典》，于 2021 年 5 月由广陵书社出版发行。

张謇一生经历了中国近代史上诸多重大事件，结交的国内外人物数以千计，更是涉足经济、政治、文化等领域。《张謇辞典》便根据张謇的思想和实践以及后人对张謇的纪念和研究编写而成。《张謇辞典》分为正文和附录两部分，共计 92 万字。正文部分以张謇的历史活动时间为经，以和他相关的人物、事件等为纬，分人物、事件、地名、典制、业绩、著述、史迹、研究、其他等九类编排，共收录词条 1693 条。附录部分为《张謇生平年表》《张謇家族世系表》《百年张謇研究论著目录索引》《词目笔画索引》《词目汉语拼音索引》。其中，《张謇生平年表》介绍了张謇从 1853 年出生至 1926 年逝世的情况；《张謇家族世系表》介绍了张謇的先人和后裔的情况；《百年张謇研究论著目录索引》介绍了百年来国内外出版发表的有关张謇的资料汇编、著作、论文集、期刊论文及博硕士论文等方面的情况。可见，《张謇辞典》旨在全方位提供张謇和与张謇有关的所有资料和信息，使人们更加深入了解张謇。

2015 年 3 月，章开沅在《张謇辞典》开题会暨张謇研究高层论坛上发表讲话，特别指出："编辞典不是件很容易的事情。你写传记也好，特别是论文也好，不知道的东西可以回避，但写辞典就逼着你要把不知道的东西，用很准确的、权威的、最精炼的、最科学的话语表达出来，这是最难的。"① 纵观《张謇辞典》的编撰历程，诚然如此。不过，《张謇辞典》的编撰人员还是克服了各种困难，严格确保本书的学术性。《张謇辞典》的学术性主要体现在三方面，首先是《张謇辞典》由张謇与中国近现代史研

---

① 章开沅：《承前启后 拓展张謇研究的意义——在〈张謇辞典〉开题会暨张謇研究高层论坛上的讲话》，《档案与建设》2016 年第 2 期。

究的专家通力合作完成。《张謇辞典》由著名历史学家金冲及、章开沅、李文海、戴逸、龚书铎、茅家琦、祁龙威、马敏，建筑学家吴良镛和张謇嫡孙张绪武任顾问，马俊亚、王杰、田彤、朱英、庄建平、陈争平、赵立彬、崔之清、虞和平、戴鞍钢等41位张謇与中国近现代史研究的专家任编委会委员。全书词条的撰写任务，由北京、上海、江苏、湖北、广东等地的34位专家和学者承担，他们大多对张謇与中国近现代史研究有素。其次是《张謇辞典》的资料来源广泛。《张謇辞典》除了广泛使用《张謇全集》，中国第一历史档案馆、中国第二历史档案馆、江苏省档案馆和南通市档案馆等单位典藏的档案外，还参考海内外出版的有关著作和报刊杂志。再次是《张謇辞典》以实事求是的学术态度贯穿始终。如《张謇辞典》对内容有学术争议的词条，或以一项为主，或诸项并存兼述其他，如实反映学界的不同认知。

在《张謇辞典》的众多词条中，部分人物、事件和典制的词条已在《中国近代史词典》、《中华民国史大辞典》和《孙中山辞典》等相关辞典中出现。于是，为了避免本书与其他相关辞典的雷同和重复，《张謇辞典》的主编决定：凡收入本书的人物、事件、典制词条，除概述人物的生平活动、事件的前因后果、典制的来龙去脉外，应着重突出张謇与人物、事件、典制的密切关系。如"翁同龢"条，释文除概述翁同龢的生平事迹外，还着重介绍张謇与翁同龢的交往和张謇对翁同龢的评价。又如"二次革命"条，释文除概述二次革命的经过外，还着重介绍张謇对二次革命的态度。再如"江苏省教育会"条，释文除概述江苏省教育会设立的经过外，还着重介绍张謇在江苏省教育会中的活动。如此，本书既避免了与其他相关辞典的雷同和重复，又体现了本辞典的特色。

综上，《张謇辞典》是中国特色社会主义新时代一部研究张謇的力作，较为全面地梳理了张謇的生平事迹，系统总结和提炼了百年来张謇研究的成果，间接反映了张謇参与我国波澜壮阔的近代化历程，不仅为张謇研究提供了基础、丰富、准确的史料，而且对中国近现代史研究具有重要参考价值。可以预见，《张謇辞典》的出版，无论是学术价值，还是社会效益，都是巨大的，并必然引起学术界和社会各界的广泛关注。

附　录

《清宫广陵御档精编》发行暨读用
座谈会在扬州召开

2020 年 10 月 28 日，"《清宫广陵御档精编》发行暨读用座谈会"在扬州市广陵区举行。扬州大学原副校长周新国教授、扬州市档案局原副局长魏怡勤、扬州市广陵区档案局局长金尊平到会并分别致辞，扬州大学社会发展学院吴善中教授、陈景春教授、刘建臻教授和张进副教授等先后讲话，对《清宫广陵御档精编》的出版发行、利用价值给予充分肯定。扬州大学相关专家、研究生，扬州市广陵区相关部门负责同志、文化界人士等20 余人参加座谈会。

扬州市广陵区档案局金尊平局长（左）

向扬州大学周新国教授（右）赠送书籍

注：应为《清宫广陵御档精编》，屏幕上打的书名是错误的。

　　广陵区隶属于有着6000多年文明史和2500多年建城史的江苏省扬州市，唐代诗人李白的一首《送孟浩然之广陵》让广陵名扬天下。1983年，广陵建制设区。2019年，在中共扬州市广陵区委、区政府领导的关心重视下，在扬州大学、广陵书社的大力支持下，广陵区档案局开始筹划复制中国第一历史档案馆、中国台北故宫博物院馆藏与广陵有关的清宫御档。经海选、遴选和评选等阶段，最终完成了《清宫广陵御档精编》的出版。

《清宫广陵御档精编》发行暨读用座谈会现场

　　《清宫广陵御档精编》由中共扬州市广陵区委书记潘学元、扬州大学原副校长周新国教授分别作序。该书全套4册，164件折件，计380页，按清代帝王在位顺序排列，内容涵盖顺治朝至宣统朝10个帝王年代，涉及政治、经济、文化等诸多领域，具有极大的史料价值和鲜明的学术性、可读性。

　　《清宫广陵御档精编》的正式出版，是广陵区文化生活中的一件盛事，为深挖广陵历史，讲好广陵故事，推动"文化铸区"，打下了坚实的基础。《清宫广陵御档精编》的出版发行，将为相关专家学者全面、准确地诠释清代广陵、研究广陵提供丰富的史料。

《淮扬文化研究》征稿启事

扬州大学《淮扬文化研究》现面向校内外征集稿件，欢迎踊跃投稿。征稿具体要求如下。

一、集刊征文的选题范围原则上须与淮扬文化研究相关，如扬州学派、泰州学派、太谷学派与中国学术史研究，淮扬秘密结社与社会稳定研究，淮扬历史文化与现代传承研究，淮扬地区人物研究，口述历史与非物质文化遗产研究，"一带一路"研究，大运河研究，鉴真研究，张謇研究，书评，与淮扬文化研究可进行比较的区域研究，以及相关区域文化研究等。

二、欢迎从事淮扬文化研究的专家、学者积极投稿，经编委会审读，认定合格后，编入集刊出版发行。集刊出版后赠送作者5册本辑图书。

三、请将相关论文（打印稿一份）寄至淮扬文化研究中心办公室（扬州大学瘦西湖校区44号楼109室），电子版发送至jcchen@yzu.edu.cn，主题标明"淮扬文化研究集刊稿件"。

四、论文应注重学术性，论文的撰写格式请参照社会科学文献出版社的出版要求执行，即论文除正文、姓名外，须写摘要、关键词、作者简介，参考文献按照页下注标明等。

（联系人：陈景春　手机：13852703036）

扬州大学淮扬文化研究中心

2021年5月

图书在版编目（CIP）数据

淮扬文化研究. 第四辑 / 周新国主编. -- 北京：
社会科学文献出版社，2021.12
ISBN 978 - 7 - 5201 - 8569 - 1

Ⅰ.①淮…　Ⅱ.①周…　Ⅲ.①文化研究 - 江苏　Ⅳ.
①G127.53

中国版本图书馆 CIP 数据核字（2021）第 121594 号

淮扬文化研究　第四辑

主　　编／周新国

出 版 人／王利民
责任编辑／黄金平
责任印制／王京美

出　　版／社会科学文献出版社·政法传媒分社（010）59367156
　　　　　　地址：北京市北三环中路甲 29 号院华龙大厦　邮编：100029
　　　　　　网址：www.ssap.com.cn
发　　行／市场营销中心（010）59367081　59367083
印　　装／三河市龙林印务有限公司

规　　格／开本：787mm × 1092mm　1/16
　　　　　　印张：13.25　字数：199 千字
版　　次／2021 年 12 月第 1 版　2021 年 12 月第 1 次印刷
书　　号／ISBN 978 - 7 - 5201 - 8569 - 1
定　　价／78.00 元